AF576218

Müssen wir in diesem wirtschaftlichen Gehäuse leben?

Helmut Hoppe

DAS PROGRAMMIERTE SUBJEKT

Das Regime der Geldelite dressiert die herrschaftlich durchtränkten Menschen mit feinen Verlockungen

Bibliografische Information der Deutschen Nationalbibliothek: Die Deutsche Nationalbibliothek verzeichnet diese Publikation in der Deutschen Nationalbibliografie; detaillierte bibliografische Daten sind im Internet über http://dnb.d-nb.de abrufbar.

Herstellung und Verlag

BoD – Books on Demand, Norderstedt

ISBN: 978-3-7357-8283-0

Inhaltsverzeichnis

Einführung

Mit welchen Mitteln wurden Menschen abgerichtet, die hemmungslos um einen begehrten Platz in unserem ausbeutenden Verwertungssystem kämpfen? Denn diejenigen, die kritiklos die Aufforderungen der neoliberalen Konzepte zur Selbstzurichtung frühzeitig in ihr Gehirn einweben, haben die besten Aussichten den Kampf zu gewinnen. Sie wollen sich deshalb in einem schmeichelhaften Verhalten, in einer für sie und andere besonders gehorsamen Art, als verfügbar und verwertbar anpreisen.

Dem Einzelnen, dessen Verwertung vom Unternehmer eingekauft wird, erscheint jedoch seine erfolgreiche Selbstdarstellung als Ergebnis seiner eigenen, ganz privaten Geschicklichkeit. Bevor er jedoch die Prüfung bestanden, die erstrebte soziale Belohnung ergatterte, musste er sich in eine nutzbare Markenware verwandeln. Diese Lenkungen sind Teile von neoliberalen Programmen, die von Handlangern der Vermögensbesitzer ausgeführt wurden.

Mit solchen programmierten Denkweisen, über diese Individualisierungen, in denen der Einzelne als seines Glückes Schmied erscheint, schraubt sich das Gedankengut einer besonderen Gesellschaftsschicht in das Bewusstsein der breiten Masse und in die Persönlichkeitsentwicklung Jugendlicher. Dieses genormte Bewusstsein soll auch verhindern, das wirklichen Machtgefüge unserer Gesellschaft zu erkennen. Denn diese Programme führen wir besonders zielgerichtet aus. Wir sollen vorgefertigte Lebenswege gehen.

Das Erlebnis ein geachteter Konsument zu sein und die weggeworfenen leeren Hülsen vom Arbeitsmarkt am Rande liegen sehen, diese Signale geben eine angstfreie Sicht der eigenen Lebenslage.

Der gefügige Arbeitsmensch wird wie eine Ware angefertigt, um selbst zum nützlichen Werkzeug einer Konsumindustrie zu werden. Dieser innige Gebrauch des vorsortierten Denkens stellen wichtige Übereinkünfte her, die vorgeben, wie verkümmerte Geldsucher und der Arbeitsmarkt zu funktionieren haben.

Wir müssen einen Blick in die Programme wagen, in denen ein ökonomisches Weltbild entworfen wurde, in dem Solidarität nicht enthalten ist, sondern nur reibungslose einheitsstiftende Kauflust, um mehr Profit für eine besondere Elite zu erzeugen.

Die versteckten vielseitigen Manipulationen, die in uns wirken, müssen wir entdecken. Auch das Regime der Vermögensbesitzer ist in uns, es durchtränkt herrschaftlich alle Sphären. Der Zynismus zugerichteter Menschen ist erschreckend, er zeigt uns die Wirkungen. Denn welch bittere Kunst ist es, auf einem drehbaren Bürostuhl mit feinem Tuch thronend viele Jahre hoffnungsvolle Menschen in ungesicherte Arbeitsverhältnisse zu locken. Doch wenn sie dann für Unternehmer nutzlos geworden sind, sie einfach wie Abfall wegzuwerfen. Eine erfolgreich programmierte Dressur, die kritisches Denken ausgeschaltet hat.

Es muss etwas geben was sich hinter dieser Abrichtung, hinter dem Antrainierten verbirgt. Was versteckt sich hinter der beseelten feinen Bekleidung, dem vergötterten Mittelklassewagen und hinter den geradlinigen Beeten der Vorgärten? Was verbirgt sich unter dem Anerkennungshunger und der Anhäufung von Besitz? Wer bietet hier diese Symbole? Diese erhoffte Zustimmung, das Betteln um Anerkennung, und die quälende Angst in eine Bedeutungslosigkeit abzusinken, ist das Einfallstor der Programmierer. So entsteht die Verführung, um gefügige Arbeitsmenschen und tüchtige Konsumenten reibungslos einer Marktmacht zu unterwerfen. Wer jedoch das Zurichten ablehnt, sich nicht einfügt, dem gleitet der Boden unter den Füßen weg. Wichtiges Ziel der Vermögensbesitzer ist die Herrschaft über alle Lebensprozesse der Menschen.

Erstes Kapitel

Die gelenkten Konsumenten

In der Architektur einer globalen Profitwirtschaft ist der Konsument ein wichtiges Bauteil. Nicht nur, dass er zum Spielball mächtiger Konzerne hergerichtet wird, wenn er deren Produkte in Regalen liegen sieht, sondern weil ihm auch beim Kauf vorgegaukelt wird, er sei ein wertvolles Mitglied einer Konsumentenschicht. Er ist einfach Ziel von Bewusstseinsmanipulationen, die ihn das Angebotene freiwillig akzeptieren lässt. Die Entwicklung vieler kleiner Unternehmen hin zur Machtstellung der Großkonzerne macht einen Sachverhalt sichtbar, der unserem Bewusstsein entglitten ist. In unserer wirtschaftlich organisierten Gesellschaft wird die Kauflust durch Werbeprogrammen der Konzerne in die Konsumenten installiert. Denn die Konzerne mit ihren Kommunikationstechnologien produzieren nur Wünsche die sich für sie profitieren.

Diese stetig steigenden produzierten Wünsche schwimmen in Containern zu uns übers Meer, werden in Häfen auf große Lastkraftwagen verladen und rollen dann über Autobahnen zu den Konsummärkten. Ein stöhnendes unendliches Band von hergestellten Wünschen fließt Tag für Tag über die Straßen. Gleichzeitig reiben sich Lkw-Hersteller und Treibstoffgiganten verzückt die Hände. Zuletzt belagern aufgescheuchte Konsumenten Parkplätze und irren verträumt vor voll gestopften Regalen umher.

Sobald wir mutig hinter die Bühne schauen, erleben wir, dass Werbefeldzüge mit Symbolen an Triebstrukturen appellieren, um Kaufentscheidungen der Konsumenten zu beeinflussen. Die Kosten der Werbefeldzüge schlagen sich natürlich in den Verkaufspreisen nieder. Alle Ausgaben, die von Unternehmern und Konzernen getätigt werden, um Menschen zum Kauf bestimmter Waren zu ermuntern, liegen über den Summen die der Staat für Bildung ausgibt. Profitmaximierung der Unternehmen ist wichtiger als Investitionen in die Bildung junger Menschen. Die Wirtschaftspolitik in einem solchen System richtet sich auf dieses Ziel: Die Umworbenen zu Konsumhandlungen zu veranlassen, um die Profite im guten Plus zu halten. Unverhüllter kann man die Abhängigkeit einer ganzen Gesellschaft von einer kleinen aber bestimmenden Geldelite und die Funktion der Politik in diesem System schwerlich in einem Bühnenbild darstellen. Um die Unternehmer geneigt zu machen, ist es nötig, ihre Gewinnerwartung zu steigern. Zu diesem Zwecke muss der Staat ihnen nun mal Steuererleichterungen einräumen, als Tribut dafür, dass sie ungehemmt ihre Ziele verfolgen können.

Es schwang sich da eine Gruppe zu den Göttern des Wirtschaftsmechanismus auf, doch diese beherrscht wie schon immer das Leben der abhängigen Masse unserer Gesellschaft.

In diese Abhängigkeiten wird hineingeboren, mit ihnen wird sozialisiert, und später können sich Erwachsene nicht mehr von ihnen distanzieren. Natürlich bringt das Gehirn sehr viele Vorinformationen mit, deutet ausgehend von genetisch verankertem Vorwissen und stellt Fragen, aber die Überformung der ursprünglichen Architektur hängt von der Verfügbarkeit der Umwelt und von deren Struktur ab.

Was geht da verschleiert vor sich?

Ein riesiger Saal, gefüllt mit aufgereihten Menschen, alle reglos, nur ihre Hirne schalten und speichern, vorne ein sichtbares und lautes Geschehen, das sich vor ihnen abspult. Das Geschehen wiederholt sich beliebig. Zur gleichen Zeit sitzen unzählige andere in kleinen Räumen zu Hause vor den Bildschirmen und lassen Sehbares und Hörbares vor sich abspielen. Auch tagsüber sitzen Schüler, große und kleine, viele Jahrgänge auf Stühlen und empfangen die Informationen, die man ihnen zugedacht und zugemessen hat. Wer sitzt hinter den Kulissen und formt? Sinnbotschafter arbeiten als Beleuchter, spielen auf Tastaturen, denn sie sind verantwortlich für die öffentliche Meinung. Ständig werden die Kulissen hin und her geschoben, neue digitale müssen entworfen werden.

So serviert man uns tagtäglich die uns zugedachten Neuigkeiten. Herren in feinen maßgeschneiderten Anzügen kommen und gehen, steigen breite Treppen hinauf, automatisiertes Lächeln, schütteln Hände, dann wird Papier unterzeichnet, Kameras blitzen. Ein Unternehmen soll in Stücke geschnitten werden. Das ganze läuft unter der Herrschaft vom Streben nach Profit, das sich zum Beispiel in, Exporte, Gewinne, Konsumnachfrage, Lohnkürzungen, Milliarden, Entlassungen und Steuergeldern ausdrückt.

Nächstes Bild: Damen und Herren mit harten Gesichtszügen, sitzen an langen Tischen, verhandeln um Teile von Prozenten, um Entlassungen, um Lohnkürzungen und um Subventionen. Das Ganze spielt sich ab wegen eines Systems, das sich mit Bezeichnungen wie Lohnzurückhaltung, Wachstumsbremsen, Wettbewerb, Investitionen und Kapazitätsauslastung schmückt. Dabei benennen weder die Vordenker noch die Damen und Herren an den langen Tischen das Machtgefüge dem sie dienen, denn die schmückenden Begriffe sind einfach da, werden im regungslosen Publikum gedacht, sind in allen Hirnen fest eingeschrieben. Nicht ein Gedanke zündet im Zuschauersaal, ob nicht langfristig diese Systeme zu unserem Untergang führen, ja führen müssen. Solche Gedanken überhaupt zu fassen ist den Gehirnen der Anwesenden kaum mehr möglich. Durch einen Berg von Informationen, über Prioritäten, über Wachstumsschlager, über Exporterlöse und über politische Absprachen sind alle Speicherkapazitäten und Netzwerkverschaltungen der Gehirne voll oder verstopft - mit anderen Worten, besetzt von Programmen der Botschafter. Und die Blockierten können nicht das Neue denken, nur das Bekannte verknüpfen.

Manchmal, viel zu selten, blitzt ein neuer Gedanke oder doch eine neue Erkenntnis - ein hoher Beamter gesteht im privaten Gespräch, er und seine Kollegen seien Gefangene des Systems. Nach dem Gespräch fährt er mit dem Dienstwagen wieder in sein großes Büro zurück und nimmt die Sechzigstundenwoche im System wieder auf. Er sitzt, etwa vor der Fernsehkamera und erklärt, die Regierung dürfe nicht so pingelig mit den Wirtschaftsprogrammen sein, besonders bei einer drohenden Rezession nicht, sie müsse den Konsum ankurbeln. Abends ist dieser Mensch dann rechtschaffen müde, nach der völligen Abwesenheit von Skrupel bei einer Tätigkeit am Tage, die sinnlos wäre, hätte sie nicht die Billigung des Herrschers über die Hirne.

Wählen wir ein weiteres Theaterstück aus: Eine öffentliche Diskussion. Laut tönt es: Wir brauchen Wirtschaftswachstum, Exportüberschuss, Armut steigt, Schere tut sich auf, Reiche, Linke, Konsumkrise und rettet den Sozialstaat. Bis weit in die Kreise der Gehirngrößen hinein wird nach wie vor dieser Sprachgebrauch verwendet, der längst untauglich geworden ist um die verdeckte Herrschaft der Vermögensbesitzer zu beschreiben. Da wird beredt mit Wörtern gehandelt, ohne das sie noch mehr vermitteln würden als alte, wohlvertraute und damit neuen Denkprozessen behindernde Illusionen. Der schönste Begriff ist „Wohlstandsgesellschaft". Er verzaubert buchstäblich die Klassengesellschaft in der wir uns befinden. Die Hälfte der Menschen in unserer Gesellschaft lebt nicht in einem wohligen Stand. Doch die Hinwendung zu tröstenden Glaubensgebäuden die Hoffnung versprechen ist auch der Masse eingeimpft worden.

Schweigen im Zuschauerraum, vereinzelt tropft Angstschweiß. Botschafter aus Politik und Wirtschaft betreten nun die große Bühne, Kapitalismuskritik wird laut beiseite geschoben, und dann laut: Wir brauchen Wachstumsimpulse, und spannt jetzt Rettungsschirme über das Reichengeld. Eine Kontroverse über unser Wirtschaftssystem ist entfacht. Aber eine notwendige Kritik verblasst sofort mit der mehr oder weniger verhüllten Anerkennung des gesellschaftlichen und wirtschaftlichen Status quo. Alle großen Vorträge in wissenschaftlichen Räumen oder in Vorstandsetagen haben eine neoliberale Richtschnur, die auf Befehle des Kapitals schon in den geglätteten Hochschulen geknüpft wurde, und nun können die teilnehmenden Hirne kein anderes Denken zulassen.

In der Tiefe ist diese Unfähigkeit von alten Begriffen und Mustern loszukommen, einer der schrecklichsten und gefährlichsten Ausweise der Kolonialmacht alter Denkmuster, die sich nicht überschreiben lassen wollen. Gegen eine Kontroverse kann ein gutsituierter Ideologe eigentlich gar nichts haben. Im Gegenteil, Kontroverse ist der Kraftdünger für seine Gehirn-Äcker. Denn solange darüber gestritten wird, ob ein längst überfälliger Mindestlohn oder eine Reichensteuer eingeführt werden soll, solange kann das System selber, das ein System von Klassenverhältnisse ist, überhaupt nicht in Frage gestellt werden, und der Ideologe gedeiht und wird fetter. Im Bankensektor werden die innovativsten Finanzprodukte entworfen, doch in der Politik begnügt man sich mit einem Sparpaket gegen Arbeitslose, in dem die Prioritäten signalisieren, dass die eigenen Sympathisanten bedient werden. Man spart eher bei den wertlosen Konsumenten.

Welche Rolle spielen nun die Meinungsbotschafter der Medienindustrie auf der Bühne? Wenn ein Hof-Blatt irgendeine Scheinkontroverse entfacht, um seine Leser zu unterhalten, dann gibt es die große Schlagzeile. Diese Wirbel um etwas, ist, natürlich ohne dass der naive Leser es weiß, eine perfekte Beschreibung eines Rituals. Und diese Wirbel bedürfen der Diener, die sie erzeugen – eben der Diener der Meinungsindustrie, der Journalisten. Je scheinbar scharfsinniger sie ihren Geschäften nachgehen, so eleganter der Wirbel, desto geschützter die Identität der Ideologen, denen sie verpflichtet sind.

Auf geschickte Weise verknüpfen Arbeitgeber und Meinungstransporter, die gemeinsam Programme entwarfen, ihren Pragmatismus und ihre Ideologie zu einem Konzept. Dieses trifft bei den bürgerlichen Schichten, die für ökonomische Fragen besonders empfänglich sind, zugleich aber uneingeschränkt an den Hauptströmungen ihrer Wohlstandsgesellschaft festhalten wollen, auf eine begehrliche Stimmungslage. Einige populistisch aufgeladene Stichworte stechen besonders hervor, und sehnsüchtige Gehirne versammeln sich gerne hinter ihre Botschaften.

Erstens: Die Ursachen für die wirtschaftlichen Krisen werden neoliberal interpretiert. So seien die Gewerkschaften, der ausufernde Sozialstaat, starre Vorschriften und zu hohe Löhne verantwortlich. Und diejenigen, die selbst in Gefahr sind in die Arbeitslosigkeit abgestoßen zu werden, glauben, noch aus eigener Kraft die Inanspruchnahme des Sozialamtes entrinnen zu können. Die Empfehlungen von Eigenverantwortung und Selbstaktivierung, als die tragenden Prinzipien der sozialen Sicherheit, die nicht auf den Samariter-dienst des Staates setzt, knüpft an den illusorischen Glauben individueller Stärke, und verhehlt vorzüglich die verschlungene Macht von großen Industrieunternehmen und Politik, wodurch sich LohnarbeiterInnen im Arbeitsprozess weitgehend wie Untertanen beugen müssen.

Allein schon durch die strukturelle Arbeitslosigkeit, die in unserem Staat gefährlich hoch ist, sich verfestigende Spaltung unserer halb blühenden Gesellschaft in einen durch Besitztum ergatterten Kernbereich und einen abgedrängten Kranz von Besitzlosen, müsste doch die hartnäckigsten Ideologen zur Umkehr anregen. Nichts, nur inneres klatschen. Zu verführerisch die begehrten Einkommen und die steuerlichen Abschreibungsmöglichkeiten. Nur unbewegliche Hirne auf den Rängen. Keinen zaghaften Schritt des Gewissens zu den Rändern der Gesellschaft.

Zweitens: Eine völlig grobe Kritik der linken Politik, die in ihr ein diktatorisches Modell sieht und auf den blanken Verrat aller mit diesem Begriff verknüpften Alternativen hinausläuft, setzt auf die ewig gleichen, immer wieder neu geschürten Ängste vor Enteignung und Einkommenseinbußen. Diese Position bedient das Kapital, denn nichts wäre schlimmer als das Schwinden der Konsumneigung. Und es gibt noch genügend geschäftliche Gefühle im Lande, die sich gerne bereichern möchten.

Drittens: Die bejahende Betonung der Normalität mit ihrer prahlenden Feier der Leistungsträger entwertet alle Menschen, die aus Arbeitsverhältnissen aussortiert wurden. Für die rechten und liberalen Positionen ist es das einheitsstiftende Motiv. Die Ökonomisierung des sozialen Lebens wird vorangetrieben. Der Sozialstaat muss eingeäschert werden. Eine Profitorientierung mit ihren gnadenlosen Herrschaftsinstrumenten nimmt Einzug in die Neuronenverschaltungen der Gehirne und feiert dort durch Überschreibungen zahlungskräftige Bedürfnisse. In den Konsumsphären der Kreuzschiffsfahrten bis hinauf zu den teuren Sportwagen und Yachten wird angestoßen. Auf den Jahreshauptversammlungen vieler Aktiengesellschaften bewegen sich reibend einige Hände, da bewegt sich Geld in weit geöffneten Schatullen.

Die hier aufgeführten Botschaften, die für die Position einiger Gruppierungen von elementarer Bedeutung sind, lassen sich auch im Rezeptbuch neuerer Institute für Gesellschaftspolitik wiederfinden. Denn im unbarmherzigen Wettbewerb um die knappe Aufmerksamkeit zukünftiger Konsumenten suchen die Anbieter der Konsumgüter, einschließlich ihrer Werbeindustrie, verzweifelt nach noch unbearbeiteten Konsumenten. Denn Konsumgüter und Konsumenten sind nur Werkzeuge, sie sollen das eingesetzte Kapital der Geldelite in der Industrie vermehren.

Wie kann man nur die unwillkommene Opposition in unserer Gesellschaft ausbremsen? Durch eine gezielte Isolierung aller Störfaktoren unserer Konsumgesellschaft. Hierfür einerseits die Akzeptanz technischer Neuerungen und anderseits die Förderung beliebter Konsummuster. So wird Arbeitslosigkeit einfach mit einer größeren Programmauswahl der Fernsehsender, mit Flachbildschirmen und kleinen Ersatzeinkäufe im H&M Shop gemildert. Diese angebotenen Ersatzmittel besänftigen kurz das Gefühl der Leere und man kann sich für wenige Tage mit den Kleinhabenden messen. Hochwertigere Schichten erfreuen sich am Abend in feinen Restaurants, in Fahrzeugen der Premium-Klasse und in ihren privaten Winkeln schöner Bausubstanz. Die gesellschaftlichen Konflikte werden so kritiklos eingedämmt, sowie die aufflammenden Risiken, wie die Entwicklung radikaler Gruppen, in die armen Wohnsilos der Städte verschoben. Dort sollen sie für den gehobenen Bundesbürger ungesehen bleiben. Nur nicht rütteln am geliebten Standort, am hochwertigen Konsum und Dienstwagen, nur nicht zweifeln an besonderen wirtschaftlichen Anreizwerkzeugen. Gleichgültig wie andere leben müssen. Aber die Anderen werden noch gebraucht, die Untüchtigen, die Verlierer, als Sündenböcke.

Zweites Kapitel

Das Regime der Ausbeutung

Es gibt keine andere Wahl, als uns in dem System zu bewegen, dass die Steuerung unserer Handlungen übernommen hat. Überall rufen uns Botschafter aus der Politik und Wirtschaft zu: Seid aktive Marktwesen und wertvolle Konsumenten, dann seit ihr frei und selbstständige Menschen!

Die kritiklose Übernahme dieser Botschaft gemahnt allerdings an die grundlegende Machtlosigkeit des Einzelhändlers: scheinbar frei, zu kaufen und zu verkaufen, ist er – ohne das er sie kennt – ein Spielball der Marktakteure. Der private Mensch und sein Wille, frei zu wählen, ist von Anbeginn eine Illusion. Die Inhalte seiner Wahl gehorchen den Gesetzen der Konsumindustrie und nicht den eigenen individuellen Hoffnungen und Bedürfnissen. Denn unablässig werden wir zu nützlichen Konsumenten geformt, wenn wir als Mitglied der Tüchtigen geachtet werden wollen.

Es ist der innere Drang der bürgerlichen Mitte, das menschliche Wesen für den Markt herzustellen. Jetzt, wo es wieder verkündet wird, war und ist die Idee des autonomen Bürgers ideologisch. Gute Konsumenten wie auch Arbeitslose sollen glauben, dass ihr Glück oder Unglück von ihren privaten Tüchtigkeiten abhinge und nicht von Marktgesetzen beherrscht werden. Die Menschen beugen sich eben der Logik der freien Märkte.

Die Kälte in beruflichen Beziehungen lässt uns bald erstarren. Die Mühe sich psychisch warm zuhalten und den langsam durchsickernden Frost abzuwehren, raubt die Möglichkeit für ein anderes Denken. Das des Verstandes beraubtem Gehirn zieht unwillkürlich Programme an, die eher dazu dienen, Freunde und Feinde auseinander zuhalten, als die Wirklichkeit zu verstehen. Ohne Reflexion wandern wir auf den alten Gleisen der bürgerlichen Gesellschaft. Unsere vorgeformten Hoffnungen, Wünsche und kläglichen Entmündigungen sind von industriellen Mächten gelenkt. Diese Mächte beeinflussen nicht nur einfach das Private, sondern sie dringen in es ein. Wir müssen lernen, die Marktgesellschaft oder die mächtigen Konzerne nicht als etwas dem Mensch gegenüber zu stellen. Denn im Mensch selbst ist das gesellschaftliche Mächtige eingedrungen, und das Gehirn arbeitet damit fleißig.

Als Nebenprodukt der von außen angestoßenen Selbstaktivierung entsteht eine Verzauberung menschlicher Beziehungen, Reaktionen und Gefühle. Abgehoben von sozialen Formen erscheinen sie als individuelle Reaktionen freier Männer und Frauen auf besondere Situationen und nicht als das, was sie wirklich sind: Menschliche Reaktionen auf eine beengende Verbraucherwelt. Heute sind diese Beziehungen oft oberflächlich, denn sie haben mehr mit Dingen und Markt gemein als mit Subjekten. Und das liegt nicht am bösen Willen, sondern an einer unheilvollen Umgebung. Der Kult der Besonderheit, der Kult sich mit feinen Kleidern auszuschmücken, ist eine direkte Reaktion auf eine Not.

In dieses Bild passt der Ansporn der Politik, der Arbeitnehmer müsse zum Unternehmer seines Lebens aktiviert werden. Der Mensch in der unteren Hälfte der Gesellschaft als Unternehmer seiner Arbeitskraft und Daseinsfürsorge fügt sich ein in den Traum der oberen Hälfte. Auf der Bühne gehen die Scheinwerfer für das soziale Umfeld aus, denn es muss im Dunkeln bleiben. Ein Sprecher betritt die Bühne und verkündet: Angesichts der schwierigen wirtschaftlichen Lage sei jetzt nicht mehr die Zeit, Forderungen an den Wohlfahrtsstaat zu stellen ohne zu neue Leistungen bereit zu sein. Manche Ansprüche haben ihre Berechtigung verloren, und Kräfte der Selbstorganisation in unserer Gesellschaft müssen aktiviert werden!

In diesen politischen Verlautbarungen wird der Eindruck erweckt, als könne der Einzelne ganz auf sich selbst geworfen tätig werden und der soziale Raum des geforderten Handelns müsse nicht weiter berücksichtigt werden. Zweifellos hat der Wohlfahrtsstaat bis zu den 1980er-Jahren durch seine sozialen Sicherungsprogramme die Lebensläufe kalkulierbarer gemacht. Doch danach stabilisierte er die ausbeutende Wirtschaftsform in unserer Gesellschaft, indem er versuchte die sozialen und gesundheitlichen Schäden, die durch Arbeitsprozesse in den Menschen angerichtet wurden, nur noch zu reparieren. Der Ruf nach Selbstverantwortung signalisiert, dass die stetig steigenden Schäden, nun vom Wohlfahrtsstaat nicht mehr repariert werden können und sollen.

Nun haben nicht alle die gleichen Voraussetzungen für eine selbst-aktivierende Lebenspolitik, denn der Staat schafft nicht den Rahmen für Eigeninitiative und Selbstverantwortung aller. Die gesellschaftliche Mitte verfügt über angemessene Kapitalien, wie finanzielle, kulturelle oder soziale, um sich tatkräftig durchzusetzen, jedoch die darunter haben nichts. Zu befürchten ist, dass jetzt ein neues gesellschaftliches Leitbild in das Alltagsbewusstsein installiert wird, das überwiegend nur an die Maßstäbe der mittleren und gehobenen Schichten andockt.

Die Semantik der Eigenverantwortung beherrscht auch die Beschäftigungspolitik. Die jämmerliche Arbeitsmarktlage verhöhnt die Leiharbeiter, wenn Eigeninitiativen gefordert wird. Denn tatsächlich ist die hohe Arbeitslosigkeit auf eine immer geringere Nachfrage von Arbeitskräften zurückzuführen. Vollbeschäftigung wird es zukünftig nicht mehr geben. Doch weiterhin muss Arbeitslosigkeit in Reden der Botschafter aus Arbeitgeberkreisen als mangelnde Motivation und geringe Eigenverantwortung der Erwerbslosen dargestellt werden, um keinen Zweifel an der Richtigkeit der Profitwirtschaft aufkommen zu lassen. Es darf keine Kritik entstehen an unserer Marktwirtschaft, denn viele erhoffen sich Erfüllung von ihr und viele haben ein schönes Leben in ihr.

Von den Arbeitslosen werden jedoch unaufhörliche Bewerbungsanstrengungen verlangt, sowie unermüdliche Beweglichkeit in der neuen Beschäftigung. Die Löhne sind durch Werkverträge beweglich nach unten, denn der Rest wird ja aufgestockt. Die Richtung ist fein markiert. Unternehmer möchten möglichst ohne Personalkosten höhere Profite erwirtschaften. Diese massiven Einschnitte in Lebensentwürfe lassen sich nur dann von der Politik medial erfolgreich verwenden, wenn die prekäre Arbeitssituation den Betroffenen als letztlich selbst verschuldet unterstellt wird. Der Mensch als Unternehmer seiner Arbeitskraft und Daseinsvorsorge fügt sich in diese bürgerliche Leitfigur, der damit unter Ausblendung seiner sozialen Umwelt, die aus Herrschaftsverhältnissen besteht, zum Fabrikant seiner Konsumentenlaufbahn wird. Diese politisch geforderte Selbstaktivierung verlagert die Ausbeutung nach innen. Jetzt sind auch die diffusen Herrschenden nicht mehr Fokus der Kritik, sondern der Nachbar kann rufen: du bist zu faul, um etwas gegen deine Arbeitslosigkeit zu tun!

Der Sozialstaat soll mit dieser Strategie seine Beschwichtigungskosten für die Hartz IV-Empfänger senken. Soll er auch den Wunsch der Arbeitgeber nach weiteren Steuersenkungen befolgen? Gleichzeitig kann sich auch das Konsumentenverhalten der Selbstunternehmer ändern, sie schwenken um zu vorgeordneten Wünschen und die Werbung trifft endlich auf fruchtbareren Boden. Es lässt sich leicht erkennen, dass das neue gesellschaftliche Leitbild, das aus den Selbstverantwortungsforderungen folgt, und mit den einschneidenden Umwälzungen im Bereich des Arbeitsmarktes begründet wird, nun Arbeitslose leichter aus dem gesellschaftlichen Leben aussortiert und ihre Unbeweglichkeit als Faulenzerei eingestuft werden kann. Mit dieser nur individualisierenden Zuschreibung von Verantwortung befreit sich endlich der Sozialstaat von der Aufgabe, Arbeitslosigkeit als Ergebnis vorherrschender marktwirtschaftlicher Bedingungen anzuerkennen. Reift diese Politik zur Blüte, ist sie erst fest im Gehirn verankert, dann ist einer Gesellschaftskritik der Boden entzogen. Wirtschaft und Politik hat nun ihren Sitz fest im Überich.

Wie entstehen solche Anpassungsmechanismen? Angleichung, Fügsamkeit und der Zwang zur Übereinstimmung nehmen in den verschiedenen sozialen Schichten unserer Gesellschaft verschiedene Formen an. In den mittleren Schichten entscheiden das Vorzeigen der als richtig markierten Konsumwünsche und das Demonstrieren des richtigen Lebensstils nicht nur über den individuellen Aufstieg, sondern auch darüber, ob einer den sozialen Status wird einnehmen können, der ihm nach Herkunft und Bildungsstand zukommt. Oder kommt es zur sozialen Ächtung, wenn ein fehlerhaftes Konsumverhalten sichtbar wird. Die verinnerlichte Angst vor sozialer Isolation wird an allen Orten spürbar. Versteckte Feindseligkeit überwuchert das Alltagsleben im Bekanntenkreis. Soziale Kontrolle, die man über andere ausübt, in der Form: - Was machen sie beruflich und welche Schule besucht ihr Kind? - Ist eine kaum mehr bewusste Sanktionierung abweichendes Verhalten. Innerhalb der unteren Schichten, d. h. der Masse die im Niedriglohnbereich Arbeitenden und der Arbeitslosen, regelt sich die düstere Lebenslage des Einzelnen durch die Abwertungsängste, die der Träger von Macht ihnen verordnet.

Manchem Arbeitgeber ist Unterwürfigkeit lieber als Fähigkeiten. Von Migranten erwartet man die Übernahme kleinbürgerlichen Verhaltens, eine bestimmte Konsumneigung, Ordnung und eine auf Disziplin abzielende Vergesellschaftung. Die Fügsamkeit der gegeneinander insgeheim Ausgespielten, ihre latente Feindseligkeit geht in den lohnabhängigen Massen einher mit der Übernahme vorgefertigtem Konsumverhalten. Man möchte so gerne gleichziehen mit dem Lebensstiel der mittleren Schicht, so gerne die Bräuche der Kolonialherren übernehmen. Der Unterworfene ohne wirtschaftliche und politische Macht, findet hier seine schmale Chance zumutbarer Lebensidylle in der Nachahmung durch Rasenmähen und Heckenschneiden. An trockenen Sommertagen hört man das grausige Brummen Hunderttausende von Mähern, die vor keiner kleinen Pflanze halt machen. Bürgerliches Ansehen dient innerhalb der Übernommenen zur wichtigsten Abgrenzung gegen die noch Tieferstehenden, die auf kleinen Balkonen ein paar Würstchen braten. In dem Maße, wie Feindschaft in das Gehäuse menschlicher Beziehungen einkehrt, passt sich das seelische Gefüge der Bedrängten diesem gesellschaftlichen Zustand in Richtung Anpassung an. Menschen versöhnen sich mit ihrer Lage, in dem sie aneinander leiden und aneinander leiden lassen. Zusätzlich erfüllt diese Feindseligkeit eine ordnungsliebende und marktstabilisierende Funktion. Menschen erinnern sich im Vollzug ihrer eigenen Aggressionen gegenüber anderen an das verdeckte Gesicht bürgerlicher Ordnung. Dadurch werden sie fügsam, werden sogar zu Komplizen der Bevormundung gemacht, die ihnen immer wieder übergestülpt wurde. Zu viele Menschen erfahren ihre Umgebung ungerecht und hart, ahnen kaum, an welchen Orten sie selbst dazu beitragen, fragen nicht zugleich nach den wahren Ursachen des Zustandes.

Die Einübung in diesen Zustand beginnt schon früh: in der Schule. Auch hier also unter sozialen Bedingungen von Ohnmacht und Macht. Dort lernen die Kinder Angst durch die Bedeutung der disziplinierenden Noten kennen. Man lehrt sie, was sie als Berufstätige und Konsumenten an Fähigkeiten benötigen. Die Fähigkeit der Vernunft erwerben Kinder hier nicht. Erklärte man ihnen, welche Kapitalinteressen und politische Kommandozentralen dieser Gesellschaft zuliebe ihre Zukunftserwartungen verletzen und beeinträchtigen, und man erklärte es so, dass sie es auch verstehen, dann könnte die Feindseligkeit morgen aus den zwischenmenschlichen Beziehungen schwinden. Wo aber in den Schichtungen der Gesellschaft die genährte Feindschaft aufzuhören droht, und wo, infolge des Abbaus von Fügsamkeit, offene Aggression gegen herrschende Großkonzerne sich wenden könnte, stehen Muster der einebnenden Beschwichtigung bereit. Sei es die Fähigkeit einzelner Politiker im Alltagsbewusstsein der Bürger Randgruppen als faule Objekte zu installieren, oder die Leute durch verführerische Konsumangebote zu integrieren, irgendetwas hilft schon zu beschwichtigen und abzuspeisen. Die Kanalisierung von Feindseligkeit gegen osteuropäische Fremdarbeiter oder Immigranten führt ja vorübergehend zu einer Entlastung zwischenmenschlicher Konflikte, denn die Mitglieder der Mehrheit rücken etwas näher zusammen. Doch die Treibjagd auf den freigegebenen Feind hebt aber langfristig den Konflikt der Ausbeutung nicht auf.

Die Verwalter der Kultur und der öffentlichen Meinung, allesamt Mitglieder der herrschenden Schichten, gehen mitsamt ihren Machtwerkzeugen und wirtschaftlichen Ideologien über die Lohnabhängigen hinweg, rühmen sich noch, wenn die physisch und psychisch krankmachenden Faktoren der ausbeutenden Sozialverhältnisse in Betrieben von der Pharmaindustrie und den Sozialämtern aufgefangen werden. Die schwierigen und bedenklichen Verhältnisse unserer Arbeitsgesellschaft wird in dem Maße weiter zunehmen, wie die Leiharbeiter, Zeitarbeiter und Aufstocker in die Unternehmen einziehen. Dieser Puffer oder auch Übergangslösung signalisiert nur, dass Unternehmer in Zukunft möglichst ohne Arbeitnehmer tätig sein wollen. Der jetzige Arbeitsmarkt lebt von der Angst vor dem sozialen Abstieg. Angst motiviert immer wieder zur Hinnahme und Übereinkunft mit dem Erdrückenden. Die Schwebelage, in der sich unsicher Beschäftigte befinden, drückt es bedrückend aus. Das Festhalten am dreigliedrigen Schulsystem vieler Eltern ist ein weiteres Bild. Vom Traum, zu den Festangestellten zu gehören, angetrieben, bewegen Menschen alle Energien, um den Wettlauf in die Stammbelegschaft zu gewinnen. Dieses Bild vermitteln sie auch ihren Kindern, und in den Schulen weht ein rauer Wind. Lassen jedoch SchülerInnen in ihren Anstrengungen nach, droht der Absturz in die Kellerräume der Gesellschaft, droht die vollständige Trennung von regulärer Erwerbsarbeit.

Bestürzend und fesselnd, daran sei noch einmal erinnert, wirkt die wirtschaftliche Unsicherheit auf das Bewusstsein und Verhalten vieler Arbeiter und Arbeiterinnen. Dieses Marktgeschehen ist für sie eine Mühle, in der sie wie Korn gemahlen werden. In diesem steinernen Mahlwerk der Unterwerfung Ohnmächtiger in einen gesellschaftlichen Zustand, der ihre Enteignung verschärft, wird mit mageren Konsumartikeln verschleiert, was zu erahnen ist. Dieser Zustand versagt ihnen Selbstbewusstsein, in dem er sie füttert, und in dem er sie vom Aufstieg ausgeschlossen halten soll. Dieses Mahlwerk wird nicht nur vom Kapitalismus in Gang gehalten, sondern die Herren der Wirtschaft drehen es unentwegt.

Erstaunlich ist, dass sich die Gemahlenen weiterhin in die Warteschlangen einreihen, die die Job-Center schmücken. Zeigt sich in der dauernden Ablehnung, in den endlosen Zurückweisungen der Wartenden nicht vor allem eine Inszenierung, deren Aufgabe darin besteht, die Arbeitsuchenden von ihrer Nichtigkeit zu überzeugen? Dem gefügigen Publikum das Bild eines Misserfolges einzuhämmern und die Vorstellung medial zu verbreiten, die Betroffenen seien selbst dafür verantwortlich? Sie sind nur Besiegte, in die Enge getriebene, gefesselte Einzelschicksale, die sich am Rand der Gesellschaft entlang schleichen sollen. Zwischen diesen Enteigneten und den Kernbelegschaften großer Konzerne entsteht so eine Art milchige Trennscheibe. Und weil man die Enteigneten immer weniger wahrnehmen will, weil man sie sich aus dem eigenen Lebensumfeld entfernt und ausgelöscht vorstellt, bezeichnen wir sie schnell als Ausgeschlossene. Doch ihr Schicksal ist mit uns verzahnt, sie sind nur an andere Orte verbannt, verstoßen, unterworfen und sie sind unwillige Konsumenten.

Sie sind einfach Störenfriede.

Es will schon etwas heißen, wenn ein großer Teil der Menschen in einer hoch entwickelten Gesellschaft unaufhaltsam auf besonders angefertigte Abstellgleise gedrängt werden. Es will auch etwas heißen, dass viele dazu gebracht werden, um Arbeit zu betteln, und zwar um egal welche und egal um welchen Preis. Wir brauchen nur zu beobachten, wie sie genommen und wieder weggeworfen werden, ganz nach der Lage des wechselhaften Arbeitsmarktes, der mal schrumpft und mal sich bläht. Wir müssen uns nur ansehen, wie sie in vielen Fällen nicht mehr brauchbar sind, und wie sie, vor allem die jungen, in einer entwürdigenden Verlassenheit dahinleben und wie wir ihnen das übel nehmen. Die Festangestellten, die heute müde und zufrieden in ihr Bett fallen, haben vielleicht schon morgen die heimtückische Furcht, das diffuse Erschrecken davor, als überflüssig abgestempelt zu werden. Wir sehen, dass das auf einen freien Arbeitsmarkt gegründete System auf einem faulenden Fundament steht. Denn die herrschenden Schichten eignen sich die besten Plätze an. Diese eingefahren Mechanismen, und die Institutionen, die scheinbar in der Lage sein sollen, das Schlimmste abzumildern, drehen leer und hält uns in einem narkotisierten Zustand. Der Schlaf der Menschen, und die Ruhe ganzer Schichten werden durch die Lockrufe der Konsumindustrie erreicht, die unbemerkt wirken und daher eine umso effizientere Gewalt ausüben. Doch diese Gewalt ist gar nicht mehr notwendig, da sie schon längst in unsere Gehirne einprogrammiert ist. Diese Programme wirken in uns, ohne das sie sich noch zeigen müssten. Was sich hinter dieser Ruhe verbirgt, herrscht unbemerkt weiter.

Welches Schauspiel uns gerade vorgeführt wird, sehen wir an der Verwandlung der Vollzeitarbeit in Billigjobs. Und die Politik jubelt: es werden in Zukunft Berge von Arbeitsplätze entstehen. Hinter diesem Schauspiel spielt sich wiederum ein anderes ab, man hört das Totengeläut für Millionen fester Arbeitsplätze. Doch nur wenige hören es.

Wodurch haben wir diesen Gedächtnisschwund erlitten, wie sind wir zu dieser Wahrnehmungsschwäche gekommen? Was ist geschehen, dass heute ein solches Einverständnis aller mit der Ohnmacht ebenso wie mit der Macht herrscht? Alle die, die gewinnen, triumphieren über das Marktgeschehen. Für diejenigen, die nur noch verlieren, gibt es keinerlei Unterstützung mehr. Da droht etwas Schreckenerregendes. Doch wir sitzen immer noch in den Stühlen, sehen das Schauspiel und denken an feine Kleider. Noch immer glauben wir, in unserer Welt der Arbeit zu leben, in ihr zu atmen, ihr zu gehorchen, oder in ihr zu beherrschen. Diese Welt existiert nicht mehr, oder nur noch scheinbar, und das unter der Kontrolle weniger Kräfte, die sie auf diskrete Weise lenken und ihr Scheitern betreiben. Die alte Arbeitswelt siecht dahin, die neue ist allein einer Kaste vorbehalten. Und dann ist da noch die Horde der Arbeitssuchenden, die bleiche Heerschar der Verlierer. Manche von ihnen hoffen noch. Wie dümmlich sie sind! Diejenigen, von denen sie sich alles erhoffen, sind nicht mehr erreichbar. Sie sind in anderen Welten beschäftigt, sie jonglieren mit Rohstoffen, Finanzwerte oder beraten feine Anzüge. Was sollten die Konzernmanager mit all den so kostspieligen Beschäftigten anfangen, für die auch noch die Sozialversicherung gezahlt werden muss und die so hinderlich sind im Vergleich zu stabilen und programmierbaren Maschinen, die immer dienstbar sind und außerdem frei von Klagen und gefährlichen Wünschen?

Die Konzernvorstände beherrschen die über alle Grenzen hinweg globalisierte Welt. Und in diesem Reich, denken arme Teufel von Arbeitssuchenden noch, könnten sie einmal einen Platz finden. Es gibt nicht mehr viel Raum für sie, und dieser enge Raum wird wegen der immer knapper werdenden Arbeit noch eingeengter, obwohl die Arbeit lebensnotwendig für viele Menschen ist. Die Mächtigen der Marktwirtschaft stört das nicht im Geringsten, denn das damit verbundene Elend ist nicht in ihrem Blickfeld, sie sehen es eher als einen unliebsamen Begleiter auf ihrem Weg. Wichtig für sie sind nur Symbole der Geldmassen, jene nicht greifbaren Kapitalflüsse haben die größte Bedeutung für ihren Ehrgeiz. Diese Haltung ist, von ihrer Bühne aus betrachtet, nur vernünftig.

Es ist ihre Aufgabe als Konzernlenker, ihre berufliche Pflicht und ihre Verständnis von Moral, diese Welt so zu sehen. Und außerdem findet hier eine berauschende und menschliche Begeisterung für Macht und Geld ein Betätigungsfeld. Besitzer einer Jacht und eines Privatjets zu sein ist in diesem Umfeld etwas natürlich begnadetes. Sie stehen über den sozialpolitischen Regeln und müssen auf keine Ethik und keinerlei Gefühle Rücksicht nehmen. Die privatwirtschaftlichen Gruppen beherrschen somit mehr und mehr die staatlichen Machtinstanzen und die Erwartungen der Menschen. Man hat uns bereits frühzeitig die Gesetze der Konkurrenz und des Wettbewerbs eingeimpft, die Ausrichtung nach den Regeln der internationalen Wirtschaft. Hüten wir uns daher davor, nur anzudeuten, dass die Arbeit immer stärker der Spekulation und der Absicht weniger unterliegt. Denn man hat uns beigebracht, diese geheimnisvollen und mächtigen Regeln auch im Alltäglichen zu respektieren. Die Bedrohungen, die auf ausgemusterte und geschwächte Gruppen niedergehen, deren Widerstände man heimlich einschläfert, werden auch von handlungsfähigen Teilen der Gesellschaft schweigend gebilligt.

Die Ausgemusterten sind nun einmal da, aber sie stören wie kaum andere. Richten wir unser Augenmerk mal kurz auf die brutale Gleichgültigkeit ihrer Umgebung, oder die Ablehnung der sie ausgesetzt sind. Und plötzlich erschallt eine Rede über die Arbeitslosigkeit als „unsere größte Sorge", von der Rückkehr zur Vollbeschäftigung als „unserem wichtigstem Ziel". Diese Art von politischer List nennt man soziale Verwerfung. Diese Gleichgültigkeit ist fast immer die Haltung der Mehrheit, und ihre Wirkung ist deshalb nicht zu bremsen. Oder verbirgt sich hinter der mangelnden Aufmerksamkeit eine heimliche Angst: ich könnte in diesem Wettlauf verlieren? Und ist diese Ängstlichkeit vielleicht eine zielstrebig angewandte Strategie, die wie ein trojanisches Pferd langsam in die Gehirne eingeschleust wurde, um sie für den Arbeitsmarkt gefügig zu machen? Dieser halb wache Zustand ist so angenehm, dass wir kein politisches Piratenstück verhindern wollen.

Die Arbeitermassen, die Konsumentenmassen, auf die die Privatwirtschaft bisher angewiesen war und die durch Lohnforderungen Druck auf sie ausüben konnten, werden für die Wirtschaft immer entbehrlicher und können sie kaum noch beeindrucken, denn es gibt in der Ferne bessere Absatzmärkte. Die privatwirtschaftlichen Führungsklassen haben immer agiert und andere verdrängt, haben verführt und gelockt. Denn ihre Privilegien sind nach wie vor Inhalt der Träume und Wunschvorstellungen der Mehrheit.

Auch die meisten unteren Schichten sehnen sich nach diesen Sonderrechten, obwohl sie oft behaupten sie zu bekämpfen. Die Anerkennung, die Position, die feinen Kleider, die Verbindungen und das Geld, man möchte einfach dabei sein. Wer nun zu den Blinden gehört, die sich in gefälliger Selbstsucht mit der Sicherheit ihres eigenen Arbeitsplatzes zufrieden geben und sich von der Angst angesichts der instabilen Lage und den Stellenstreichungen nicht betroffen fühlen, stellt eine Gefahr da: Er verhindert mit seiner Haltung eine gerechte Verteilung der Arbeit.

Es ist schon verwunderlich, dass ein reiches Land, in dem langsam sich die Armut ausbreitet und das stolz auf seine Exportüberschüsse ist, es trotz allem feiert, dass sich die Armentafeln mehren. Es wäre auch schrecklich undankbar die Frage zu stellen, was diese munteren Exportbewegungen und die überaus erfreulich positive Außenhandelsbilanz für die Leiharbeiter mit sich bringen. Natürlich treibt es den Wirtschaftsbossen vor Stolz die Röte ins Gesicht, wenn sie - umgeben von Zahlen über fallende Personalkosten und steigende Gewinne - ihren Platz auf den vorderen Rängen einnehmen. Sie haben keine Zeit über soziale Kälte zu grübeln, wenn sie in ihren Firmenjets über Weltmeere fliegen.

Wie gehen wir nun mit der Jugend um? Die jungen Leute wissen, wie die Gesellschaft funktioniert, die von der Schule als Vorbild dargestellt wird. Sie kennen nicht die Mechanismen der Macht, doch ihre Ergebnisse. Was normalerweise verborgen wird, ist ihnen schon vertraut. Der Erwerb von Bildung hat etwas Strenges und Eiliges in sich. Viele werden früh mit Ablehnungen vertraut gemacht. Die Hartz IV-Jugend lässt man am Straßenrand zurück, und die Straße wird immer weniger befahren. Für den Nachwuchs der Vermögenden wird es jedoch immer enger, da auch die Vermögenden sich mehren.

Aber statt die neue Generation auf ein Leben vorzubereiten, das sich nicht nur über die Beschäftigung definiert, die für viele auch unerreichbar ist, bemüht man sie unverdrossen darum, sie für diesen schwer zugänglichen Platz antreten zu lassen, wo sie abgelehnt werden, mit dem Ergebnis, dass sie von etwas ausgeschlossen werden, das gar nicht mehr existiert. Unter dem Vorwand, auf eine Zukunft vorzubereiten, die unter längst verlorenen Bedingungen möglich war, übergeht man unverdrossen all das, was in den Lehrplänen nicht auf sie ausgerichtet war. Man hält an dem fest, was man für die Wirtschaft nötig hält. Es herrscht eher die Auffassung, dass junge Menschen nicht zielgerichtet genug ausgebildet werden, und dass sie den Unternehmen wenig Nutzen bringen.

Aber, so werden einige kritische Stimmen sich melden, wozu sollen wir Leuten, die überflüssig sind, noch wirtschaftliche Kenntnisse beibringen? Ist das denn ökonomisch vernünftig? Warum soll man ihnen die Augen öffnen, damit sie ihre Situation durchschauen, stärker unter ihr leiden und sie kritisieren, wenn sie sich doch sonst so ruhig verhalten und noch fleißig konsumieren. Wir müssen endlich der Realität ins Auge schauen: Die Unternehmen stellen aus einem einfachen Grund nicht ein, weil sie die Arbeiter- und Angestelltenmassen nicht mehr brauchen.

Die Reduzierung von Arbeitsplätzen und ihre Umwandlung in bewegliche Leiharbeit werden zu einer höchst verbreiteten Mode, und zu der sichersten Form der Anpassung der Lohnabhängigen. Diese Umstrukturierungen in den Unternehmen zerstören gleichzeitig ganze Leben und lösen Familienstrukturen auf. Wie lange werden die dadurch Aufgeweckten noch so tun, als ob schliefen? Oder ist schon alles in unseren Gehirnen so fest verdrahtet, dass es keinen Einspruch und keine Aufschreie mehr gibt?

Man ertappt sich bei einem abtrünnigen Gedanken: Ist das Wachstum, dass die voraussehenden Forschungsinstitute uns melden, nicht weit davon entfernt, Arbeitsplätze zu schaffen, schafft es nicht vielmehr deren Abbau? Denn die Vermehrung der Arbeitslosen erzeugt in Wahrheit einen Mehrwert für die Unternehmen, und erhöht auch deren Gewinn. Er fehlt allerdings Lohn in den Taschen der Ausgesonderten, doch für Ersatz springt der Staat ein.

Ein neuer Botschafter betritt die Bühne, und spricht mit kalter Stimme: „Die Bereitwilligkeit vieler Arbeitsloser, eine schlecht bezahlte Arbeit anzunehmen, hängt zum Teil von den zu üppigen Hartz IV-Sätzen ab.“ Die Wortschlacht gegen die Ausgegrenzten wird nun lauter. Hinter der Bühne hört man: Wir brauchen eine Strategie, um die Arbeitswilligkeit der Faulpelze zu entfachen. Eine andere Stimme: Das Anreizsystem ist falsch.

In Wirklichkeit geht es aber um etwas anderes. Arbeitgebern ermöglicht es, dank der Unsicherheit die auf den Arbeitnehmern lastet, die Lohnkosten ohne Gegenwehr zu senken. Für die weniger werdende Menge an Arbeit, die noch gebraucht wird, können sie einen noch niedrigeren Preis zahlen. Und das nicht ohne nebenbei noch die Schuld der Opfer hervorzuheben, die nie eifrig genug waren sich für eine Arbeit zu qualifizieren. Das bedeutet vor allem, die Menschen im Voraus so herzustellen, dass sie dem Schlimmsten nicht entgegentreten, sondern es völlig betäubt erdulden.

Drittes Kapitel

Die kalte Logik des Marktes

Das Kampffeld wird im Kindergarten eröffnet. Die Zukunft der Kinder muss gut vorbereitet sein. Später erleben sie das Vorgefundene als immer schon vorhanden. Sie beobachten, wie Erwachsene eigene Wünsche und Interessen gegen andere rücksichtslos durchsetzen. Später eifern sie ihnen nach. So schleicht sich das Ungemach ungewollt herein. In der Schulzeit begehren viele Jugendliche diffus auf. Manchen brodelt es in der Seele, bei anderen wütet es im Bauch. Sie spüren schlummerndes Neues. Doch nur das Vorgefertigte, zusammengelegt in Lehrplänen, soll sich in ihren Hirnen verbreiten, und dort Gleise legen. So wachsen sie ins Leben, wo für wenige der Wohlstand lockt. Sie möchten ausprobieren, testen, Umwege gehen, doch überall laute und verdeckte Appelle: schneller, besser und bitte geradeaus! Irgendwann sind sie angekommen im Reich der Finanzexperten und Konsumenten.

Von Heuchlern hören sie dann Aufrufe für mehr Gerechtigkeit und Rückbesinnung auf alte Werte. Denn durch den schleichenden Überlauf vieler sozialdemokratischer Parteigänger in die Herrschaftsparteien, stabilisieren sich unsolidarische Orientierungen und Erfahrungen in den Schulen, und werden als einzig richtig und ausweglos begriffen.

Der Sozialstaat bastelt dadurch aufgerufen beständig an kleinen politischen Reparaturen, um die Wunden der dadurch entstehenden Armut notdürftig zu verbinden. Damit Menschen sich jedoch weiterhin im Arbeitsmarkt zerreiben sollen, werden heilende Maßnahmen vermieden. Bisher werden die Aussortierten mit kleinen Geldmitteln und kargen Wohnungen besänftigt, eine effiziente Problemverarbeitung, damit Arbeitgeber weiterhin fügsame Arbeitnehmer verwerten können. Der Parteienstaat selber wird so zum Vermittler und Programmierer der züchtenden und aussaugenden Vergesellschaftungsformen in den Subjekten.

Eine Strategie, zur Überwindung der gesellschaftlichen Spaltung, wird im bürgerlichen Lager nicht erwogen. Die entstehende Not durch die marktwirtschaftliche Organisation der Arbeit und das damit verbundene soziale Leid bedürfte zwangsläufig zu seiner Überwindung ein neues politisches Modell: Die Verteilung der verfügbaren Erwerbsarbeit auf möglichst alle Lohnabhängige, statt die menschenfeindlichen Methoden der Arbeitgeber machtlos hinzunehmen. Feindliche Methoden, in der ständig Vollzeitbeschäftigte in Zeitarbeiter und Leiharbeiter umgebaut, sowie wertlos gewordene Arbeitskräfte rücksichtslos ausgeworfen werden.

Doch nun, wo die ganze bürgerliche Leistungsgesinnung entblößt vor uns steht, ist es mit Überpinseln oder auch mit Repressalien auf die Arbeitslosen nicht mehr getan. Denn eines ist klar, Arbeitgeber haben kein Interesse mehr an den vielen Ausgesonderten, sie setzen eher auf qualifizierte Angepasste, die sie mit Belohnungen an ihre Maschinen und Schreibtische locken, um effizient Güter herzustellen. Es ist ihnen völlig gleichgültig, ob Geschundene am Wegrand zurück bleiben, denn der nächste Firmenwagen ist bestellt, um die Tore zu schmücken. Politiker stützen gerne diese Vorhaben, denn sie sind Angestellte der Mächtigen.

Auch mit ethischen Forderungen an die stärkeren gesellschaftlichen Gruppen sind die Entwicklungen nicht aufzuhalten. Es geht um zu Großes, um Positionen, um herausragendes Ansehen und auserlesenen Konsum. Eine Grundvoraussetzung des Erfolgs von neuen Wegen in der Verteilung der Arbeit ist somit immer damit verbunden, dass die jeweils mächtigere Ebene in der Hierarchie gesellschaftlicher Gruppen ihre wichtigsten Interessen nicht verletzt wähnen. Welches Angebot könnte die Politik an die Gruppe der gut belohnten privilegierten Vollzeitbeschäftigten machen, dass sie einen Teil ihrer Arbeit an schwächere Gruppen zurückgeben, ohne an Einfluss zu verlieren?

Vereinzelt gibt es schon Menschen aus dem Hochlohnsektor, die das Kampffeld um Laufbahnen entnervt verlassen, statt Firmen- und Karrierearbeit zu zelebrieren. Wenn z.B. zwei Drittel des monatlichen Einkommens viele Tausend EURO beträgt, so ist doch auch damit ein gutes Leben möglich. Die zweite Voraussetzung ist die, dass die jeweiligen starken Gruppen überhaupt noch ein Interesse an den Schwächeren haben. Doch die besteht nur, wenn die unteren Sozialschichten einen Beitrag zur Reproduktion der bestehenden Machtverhältnisse leisten. Gefügig konsumieren ist der edelste Beitrag für die Geldvermehrung der Wirtschaftselite.

Wie können hier Menschen einer Auskopplung aus dem Erwerbssystem und ein Aussortieren aus ihrer vorhergehenden Laufbahn entgehen? Durch die aussterbende Industriearbeit sind Millionen Arbeiter überflüssig geworden, sie können nicht alle in Billigjobs und in der IT-Branche untergebracht werden. Das aufkommende gesellschaftliche Drama, das schon jetzt wie eine dunkle Wolke am Horizont heraufsteigt, braucht eine kritikfähige kraftvolle Politik, die nicht von der Geldelite in Schach gehalten wird. Denn die derzeitige Verteilung der Arbeit lässt vor allem ein Bild der Gesellschaft hervorstechen: Die Organisation der Arbeit sind Verhältnisse von Herrschaft und Beugung, in denen Politiker eingebunden sind. Doch sie werden sich nicht aus diesen Herrschaftsverhältnissen lösen wollen, um wieder glaubwürdig zu sein, denn dann sind ihre nährenden Privilegien in Gefahr.

Sämtliche individuellen Machtkalküle bewegen sich in einem wirtschaftlichen Stahlkorsett und einem zerfallendem sozialen Raum. Die Kosten für den Ausbildungssektor sind öffentliche Investitionen. Doch die Anzahl als auch die Verteilung der höheren Bildungsabschlüsse sind wirtschaftlichen Interessen unterworfen, wodurch eben Anreizsysteme der Privatwirtschaft individuelle Lebensentwürfe beherrschen.

Wie würde sich das Umdenken des Staates als Einkommensverteiler und als Anbieter von Berufspositionen auswirken? Er übernähme so die Rolle des Vorreiters, wenn eine andere Verteilung der Lohnarbeit für seine Getreuen in Angriff genommen würde. Kostenneutral könnte die Arbeit im staatlichen Dienst auf mehr Schultern verteilt werden. Für Lehrerehepaare böte sich ein Job Sharing an. Doch weshalb streben so viele Menschen eine Vollzeitbeschäftigung an, wenn sie auch mit einem Teil ihres Einkommens gut Leben könnten? Sie haben sich etwas aufgebürdet, um im Beruf ihre ersehnte Anerkennung zu finden.

Übrigens ist die Vollzeitbeschäftigung in unserer Gesellschaft eine männliche Domäne, während Frauen im größeren Umfang Teilzeit arbeiten dürfen. Der Frauenanteil an der Vollzeitbeschäftigung liegt bei lediglich 30 Prozent, mit abnehmender Tendenz. Dies bedeutet, dass durch Machtverhältnisse mehr Frauen in prekäre Arbeitsverhältnisse gedrängt werden als Männer. Infolge dieser Entwicklungen leiden vor allem Männer erheblich unter selbst verordneten Zeitmangel, an zu wenig Freizeit, das auch zu psychisch-sozialen Belastungen führt. Gleichzeitig leiden andere, insbesondere Arbeitslose, häufig an einem zu viel an Zeit, die leere und tote Zeit bleibt. Sie kann nicht sinnvoll gefüllt werden, da sie aus dem gesellschaftlichen Anerkennungsmuster heraus fällt, das überwiegend durch die Beteiligung an Erwerbsarbeit definiert wird. Die Auseinandersetzung um die gerechte Verteilung von Zeit für Berufsarbeit oder für Familienarbeit haben die meisten Frauen verloren.

Immer wenn es um Verteilung geht, geht es um Macht. Solange Menschen in unserer Gesellschaft in alte geliebte Herrschaftspfade vor sich hin trotten oder auf ihnen kämpfen, solange wird es keine andere Verteilung der Arbeit geben. Was können wir tun, damit Dressierte ihre geliebten Pfade verlassen?

Wir müssen die Fratze der Machtverhältnisse, die sich im Schulwesen noch verhüllt, doch im Arbeitsleben schon unmaskierter zeigt, wahrnehmen. Es werden besonders Jugendliche verteilt, manche auf Abstellgleise geschoben, um sie als zukünftige Konkurrenten auszuschalten. Dieses Ausmaß von erdrückender Gewalt wird von den vergesellschafteten Jugendlichen selbst unbewusst verinnerlicht und reproduziert. Sie nehmen nicht wahr, was sie später einmal anrichten werden. Die gegenwärtigen Machtverhältnisse reproduzieren sich zunehmend über das Festhalten früherer unerfüllter Bedürfnisse und heutigen Befriedigungsmöglichkeiten durch feinen Konsum. Eine andere Verteilung der Arbeit wäre ein Loslassen der Macht, und ein Ansehensverlust der Mittelschicht. Der sichtbarste Kristallisationspunkt einer zukünftigen Machtverschiebung wäre eine Änderung im Beschulungssystem. Hier würde es sich zeigen, ob die Hauptschulen weiterhin ein Auffangbecken für die Ungeeigneten und Unangepassten bleiben soll, die dort nicht gefördert werden dürfen, damit sie später mit Werkverträgen abgespeist werden können.

Denn Eltern von tüchtigen Schülern bangen um den geplanten Lebensablauf ihrer Kinder, wenn plötzlich unbegabte SchülerInnen auf den Nebenbänken einsickern. Dieser Verdrängungseffekt im Schulwesen, der mit ausgefeilten Bildungsstrategien verbunden wird, ist im Grunde ein Konkurrenzkampf zwischen den sozialen Schichten. Ein Kampf zwischen abstiegsbedrohten, aufstrebenden und weit abgeschlagenen Milieus, der mit Kindern und Jugendlichen als Werkzeuge ausgetragen wird. Es ist ein Wettkampf mit ungleichen Kampfmitteln. Denn das Durchhalten der Optimierungsstrategie gelingt erwartungsgemäß den Kindern, deren Eltern über ein hohes kulturelles Kapital verfügen, die sich am ehesten auf die schulischen Kampfregeln einstellen können oder die Nachhilfe an Nachmittagen für selbstverständlich halten. Familien bewahren ängstlich so ihre privilegierte Position, in dem sie kulturelles Kapital in ihre Kinder investieren. Sie sorgen vom Laufstall bis zum Master dafür, dass ihr Nachwuchs die für die Erhaltung des sozialen Status notwendigen Zeugnisse erwirbt. Trotz der deutlichen Steigerung der Bildungsbeteiligung des benachteiligten Milieus verbleiben diese auf den unteren Plätzen, während Freiberufler, leitende Angestellte und Beamte ihre ohnehin gute Spitzenposition weiter ausbauen wollen und können.

Gemeinsames Lernen wäre für alle Jugendlichen die schönste und froheste Erfahrung, sie wird jedoch von interessierter Seite mit allen Mitteln verhindert. Ähnlich ist es im Erwerbssystem, auch hier werden früh genug die Nichtqualifizierten in den Niedriglohnsektor geschoben, damit sie nicht als Störenfriede in höheren Lohnsektoren mitbegehren. Denn auf keinen Fall dürfen zu viele Menschen durch niederreißen von Umzäunungen gefördert werden, weder im Schulwesen, noch im Berufssystem. Als Qualifizierte könnten sie ja später um höhere Einkommen mit eifern. Hohe Einkommen sind nur für besondere Menschen vorgesehen, auch wenn sie es für ihren Lebensunterhalt nicht benötigen. Für Mitmenschen symbolisiert es jedoch das Herausragende, und man kann sich zeigen mit feinem Tuch und motorisiertem Lack.

Der Verfall dieser Gesellschaft wird nur sehr schwer aufzuhalten sein, denn die einen kaufen das Allernötigste bei Aldi, andere denken über neue Bereicherungsmöglichkeiten nach. Weshalb versperrt man einem Fünftel aller jungen Menschen systematisch den Berufseinstieg, wodurch sie sich qualifizieren könnten? Die Alten haben panische Angst vor dem Ansehensverlust durch das Ende ihres Berufslebens. Deshalb zertreten sie lieber bei vielen jungen Menschen die Lebensentwürfe, statt sich zurücknehmen für mehr eigene Zeit. Die Angst vor dem Ansehensverlust, die Versagensangst, der strafende Blick der frühen Eltern, ist so tief verankert, dass sich viele bis ins hohe Alter in ihre Firmen oder vor Fernsehkameras schleppen. Was hat berufliche Bildung in ihnen bewirkt?

Tatsächlich ist schulische Ausbildung ein Architekt einseitiger Lebensplanung geworden, der nur über Aufstiege, angestrebte soziale Orte, oder über Platzierung nachdenkt.

Welches Amt oder welchen Ort könnte ich noch erklimmen: Ist die geheime innere Frage.

Die formale, allein an Abschlüsse orientierte Ausbildung hat zunächst übersehen lassen, welche Qualität an Bildung da entstanden ist. Denn erhöhte Ausbildung geht nicht unbedingt mit erhöhtem Grad von Bildung einher. Stattdessen liegt die Vermutung nahe, dass Wissen forciert unter instrumentalistischen Gesichtspunkten aufgenommen und verwendet wird. Man hat es dann mit einer Bildung zu tun, die nur auf wirtschaftliche Verwertbarkeit ausgerichtet ist, auf komfortablen Konsum und auf Aufstiege hinausläuft. Die Schul- und Bildungsabschlüsse dienen als Werkzeuge den Menschen zu ihrer Selbstdurchsetzung mit all ihren sozial zerstörerischen Potentialen. Je enger also die Menschen an erstrebten Symbolen als Prothesen für ihre bedürftige Statusposition kleben, desto schmerzhafter muss sich auch das Wissen darüber auswirken, wenn eigene Ziele nicht erreichbar sind, oder sich verflüchtigen. Die Folgen können unterschiedlich sein, und werden auch verschieden verarbeitet. Je höher die Identifikation mit ökonomischen Werten, wie Vorteile erhaschen oder Gewinner sein, sind, desto mehr sterben Werte wie Solidarität und Rücksichtnahme langsam ab. Lebensentwürfe rangen sich nur noch um lackierte Prothesen, die das sozial erwünschte Ansehen stützen sollen. Diese Lebensformen sind in unserer Gesellschaft vorherrschend, und die Keimlinge werden früh in den Familien gesetzt: Meine Durchsetzungsstrategie soll zur Blüte kommen!

Der Versuch, die eigene Aufnahme in die begehrte Konsumentengruppe zu sichern, auch wenn andere Menschen dadurch verstummt am Wegrand liegen bleiben, genießt hohes Ansehen.

Diese rücksichtslose Bearbeitungsform wird natürlich auch gegen Migranten eingesetzt, denn sie dienen vorzüglich als Sündenböcke, mehr noch wie Alg. II-Empfänger, wenn eigene begehrte Wünsche und Ziele einem verwehrt bleiben. Gerade in Zeiten der vollständigen Verökonomisierung des Alltags und des Denkens, sowie der wachsenden Konkurrenz, führt dazu, den eigenen Status als Besitzstand zu verteidigen. Die Abwertung schwacher Gruppen ist bei Personen stärker ausgeprägt, die hohe Abstiegsängste aufweisen. Angst vor sozialem Abstieg verspürt heute die Hälfte aller Bürger. Also nicht nur in den unteren, sondern auch in mittleren Milieus, mithin bei jenen, die viel zu verlieren haben. Es zeigt sich, dass durch solche Abstiegsbedrohungen sich Menschen immer feindseliger gegenüberstehen. Wie viel Angst ist in dem Anhäufen von Geld enthalten? In einer unsicheren Soziallage wird sich eine andere Verteilung der Arbeit nicht durchsetzen können. Die Politik wird das Bollwerk der Etablierten, das durch Kapital errichtet wurde, nicht niederreißen. Diese Gesellschaft ist ein Beziehungsgefüge von verfeindeten Partikularinteressen. Hier entsteht Handeln durch verführte oder abgewiesene Menschen.

Nicht Integrationskonferenzen sind gefragt, sondern an den Sozialisationsorten der Heranwachsenden muss Rücksichtnahme und Gemeinsamkeit gelebt werden, damit sich wieder Keime der Solidarität für die Arbeitswelt entwickeln.

Der handelnde Mensch glaubt, wenn sich Probleme seinen Lebensplänen entgegenstellen, sie individuell lösen zu müssen. Er verkennt die gedankliche Isolierung des Problems aus seinen umfassenderen Zusammenhang. Er verkennt den Raum, in dem er sich befindet. Es ist dümmlich es individuell zu lösen, da es in geballter Form als gesellschaftliches Verstecktes wiederkehrt.

Die politischen Manager und Parteigänger sind zu stark verschraubt mit den Herrschaftsinteressen der Geldelite, und werden auch weiterhin versuchen ihre Programme als sozialen Fortschritt zu verkaufen. Wenn eine soziale Verelendung breiter Bevölkerungsschichten verhindert werden soll, muss eine andere Verteilung der Arbeit in Angriff genommen werden. Politiker dürfen nicht nur vorgefertigte Reden fürs Wahlvolk halten, oder sich hinter ökonomischen Entwicklungen verstecken, deren Dynamik sie nicht kontrollieren können. Sie müssen erkennen, dass sie die Steigbügelhalter dieser profitorientierten Wirtschaft sind, und die ohne die wohlfahrtsstaatlichen Reparaturen ihres angerichteten Schadens nicht überleben könnte.

Entfesselte finanzielle Kräfte haben sich politische Subjekte herausgesucht, die sich der Wirtschaft beugen.

Wenn alle Bürger die Herstellung des Hochlohnsektors oder die massive Steigerung der Leiharbeit als sichtbare Macht von Herrschaftsverhältnissen entschlüsseln würden, dann kann endlich über diese verschleierten Gewaltverhältnisse in der Arbeitswelt offen gesprochen werden. Gerade die Unsichtbarkeit der Macht des Gegenübers erschwert die Wahrnehmung, und lässt das Elend der Ausgekoppelten akzeptieren. Es muss wahrgenommen werden, dass Fügsamkeit immer mehr unbemerkt die Menschen ergreift. Unsere Profitwirtschaft entpuppt sich nun als ein Trainingsprogramm für bejahende Wirtschaftssubjekte. Dieses Wirtschaftssystem ist allerdings kein Naturereignis, kein entleertes Monster, kein Sachzwang, das einzig seinen eigenen Gesetzen gehorcht. Wer tut, als ob dies so sei, verschleiert, dass es Nutznießer dieser Ordnung gibt, die dieses System genießen und bejahend in ihren Villen vorantreiben. Der Genießer erfährt Bedeutung, er formt sich und erfreut sich in diesen Gewaltverhältnissen.

Doch die Ausgekoppelten spüren ihr Elend nicht nur in ihren leeren Geldbörsen, sondern auch in den Blicken der Bessergestellten. Der willige Konsument, der sich auf diesen Wellen treiben lässt, ist ein Mitwirkender des langsam auf uns zu kommenden Dramas.

Ich möchte dazu gehören, ich blicke in Spiegel die mich anleiten wie ich sein soll, ich gehöre zu euch angesehenen Menschen.

Viertes Kapitel

Das Spiel mit der Angst

Sie ordnet die gesellschaftlichen Verhältnissen vor, weiß schon immer was geschehen und wie gehandelt werden soll. So erwächst die öffentliche Meinung zu einer engstirnigen Führungsfigur. Sie erschließt keine neuen Horizonte, und bewegt sich innerhalb von Denkleitplanken. Auch das, was in sozialen Situationen thematisiert wird, über das reflektiert werden könnte, ist damit schon in Kanälen eingebettet. So gewinnt das Alltagsbewusstsein im sozialen Großraum eine gewisse Vordenkerrolle und Gleichgültigkeit gegenüber einer Fülle von sozialen Beziehungen. Automatisiertes Denken sichert das Vertraute, und - das ist für uns von besonderer Bedeutung - es sichert die Orientierung der Menschen im heiklen sozialen Erleben, es verbürgt Entlastung. Notwendig ist es zum Beispiel bei der Routinetätigkeit Autofahren. In diesem Feld bezeugt es große Ignoranz trotz hunderttausenden Unfälle jährlich mit grausigen Folgen, die es wiederum am Leben erhält. Das Alltagsbewusstsein entscheidet darüber, ob ein zukünftiges unheilvolles Ereignis zum Thema, also bewusst verarbeitet werden kann, oder durch Verdrängung, Nichtzulassung der Wahrnehmung des Erlebnisses im Vorfeld abgewehrt werden muss. Die Nichtwahrnehmung und Abwehr entlastet, damit der alltägliche Wahnsinn auf allen sozialen Ebenen, das alltägliche dümmliche Tun und Treiben ungestört sich vollziehen kann. Man sieht es an den gefüllten Autobahnen an Sonntagen trotz Klimaschäden; an den Beschimpfungen der Arbeitslosen trotz fehlender Arbeitsplätze. Dieses schablonenhafte Verhalten setzt sich also auch gegenüber ihr offen widersprechende Information durch. Die folgenden Handlungsmöglichkeiten erscheinen als völlig natürlich, auf die wir uns eingerichtet haben.

Wann immer ein Zweifel in mir entsteht, ich weiß, mein Gegenüber würde mich verspotten, wenn ich ihn ausspräche. Oh ja, ich kann schweigend über mich selbst grinsen und die Achseln zucken, oder allmählich bedenklich mit der Stirn runzeln. Doch die öffentliche Meinung ist streng und konservativ und möchte Veränderungen nicht gelten lassen. Sie versucht daher das Bekannte zu bewahren, bei dem ihr Vertrauten bleiben. Welches Bild machen wir uns von der Gesellschaft?

Es hat Strategien, wie wir in Krisenfällen - Verunsicherung, Bedrohung, Konfliktfälle - unsere Alltagswelt regeln. Das Alltagsbewusstsein behauptet sich durch Wiederholung von Abwehrregeln. Diese Abwehrregel ist ein Schutzmechanismus, mit dessen Hilfe frühkindliche Wunschbilder oder stereotype Vorstellungen, wie der Gute, der Allmächtige, gegen Ängste und bedrohliche Themen aufrechterhalten werden. Den wiederholenden Gebrauch von früh sozialisierten Abwehrmustern angesichts neuer und fremder sozialer Situationen benennt man mit dem Begriff Übertragung. Sie tritt an die Stelle richtiger Wahrnehmung, da die Realität nicht erkannt werden soll.

Die Übertragung ist die schwankende Brücke zwischen einer sozialen Situation und unserer harmonisierten Lebenswelt.

Übertragung ist das Erleben von Gefühlen, Haltungen und Abwehr gegenüber einer Person in der Gegenwart, die zu dieser Person gar nicht passen, sondern die eine Wiederholung von Reaktionen sind, welche ihren Ursprung in der Beziehung zu wichtigen Personen der frühen Kindheit haben und unbewusst auf Figuren der Gegenwart verschoben werden.

Der klassische Übertragungsbegriff kommt aus der Psychoanalyse. Um die Bedeutung der Übertragung in Alltagssituationen erfassen zu können, muss sie auf Gruppen erweitert werden. Die Furcht unser Selbstbild einzubüßen, zwingt uns zu einem Bündnis. Mit dem Alltagsbewusstsein stimmen alle über ein, es wird zur öffentlichen Meinung. Wer allerdings diese rituelle Ordnung verlassen will, wird von der Öffentlichkeit als Bedrohung empfunden und gebrandmarkt.

Ein Beispiel aus dem Alltagserleben: Menschen sind von Arbeitslosigkeit bedroht, statt gemeinsam die Ursachen, z.B. die Reduzierung der Personalkosten von Unternehmern, durch solidarisches Handeln zu begegnen, igeln sie sich getrennt ein, und erhöhen die Umzäunung um ihren Besitz. Durch dieses Verhalten können Unternehmer gut Ausgebildete in ihren Hochlohnsektor locken, und weniger Nützliche aus ihren Toren drängen. Zwei Gruppen stehen sich nun im Kampf um Arbeit mitleidlos gegenüber. Die Drohgebärden der Arbeitgeber erhöhen das Übertragungsgeschehen, und die Geängstigten ringen blind um ihre Förmchen.

In diesem Vorgang lebt ein Bewusstseinsmodus wieder auf, der der narzisstischen Stufe der Entwicklung zugerechnet werden kann. Besonders konflikthafte Kindheitserlebnisse fördern individuelle Abwehrformen, indem Angst vom Bewusstsein ferngehalten werden muss.

Die utilitaristische Praxis ist die fest verankerte Verfahrensstrategie des Alltagsbewusstseins. Das pragmatische Denken und Handeln macht sich wesentlich in den Lebensbereichen Beruf und des Konsumierens bemerkbar. Die Menschen erleben die Welt nur in ihrer praktischen Benutzbarkeit. Das Manipulieren wird zum Endzweck. Sie geben auf, sie selbst zu sein, und übernehmen die Sorte Persönlichkeit, die sich in Form einer einprogrammierten Schablone ihnen darbietet und aufgrund derer sie Eintritt in die nun ersehnte Konsumgesellschaft haben.

Die mediale Welt des Fernsehens und der Zeitschriften sorgt hilfsbereit für eine Übereinstimmung in der Schablonenauswahl, sie umgeht Themen, die das Wohl wichtiger Schichten gefährden könnte. Sie zementiert vorsorglich das öffentliche Bewusstsein, indem Ressentiments und kindliche Abwehr geweckt werden.

Ein zweites Beispiel: Subventionen des Staates für Unternehmer sind beliebt und wünschenswert, doch die sozialen Ausgaben für Hartz IV-Empfänger werden als Plünderung des Staatssäckels verurteilt. Gleich: Der Vater soll die Gaben verteilen, doch Schwächlinge sollen ihr Brot mit ihren Händen erarbeiten.

Die Arbeitsweise des Alltagsbewusstseins funktioniert unter den Bedingungen eingeschränkter Kritik. Innerhalb des nur zugelassenen Denkens werden alternative Möglichkeiten verhindert. Die Ursachen der Arbeitslosigkeit werden radikal eingeebnet, aus dem Horizont herausgenommen. Denn wenn die Produktivität in einer Volkswirtschaft ständig steigt, dann muss die Arbeitszeit der Vollzeitbeschäftigten entsprechend gemindert werden. Das bedeutet, wenn zehn Prozent der Erwerbsbevölkerung ohne Arbeit oder gering beschäftigt ist, dann ist die Arbeitszeit der Übrigen zu hoch. Da nun viele Vollzeitbeschäftigte ihren Platz bedroht sehen, tritt eine konfliktabwehrende Funktion ein, die Arbeitslose als Sündenböcke aussucht. Der Nährboden für Feindbilder ist gelegt, und mit Zeitschriften und Fernsehauftritte versuchen herrschende Ökonomen und Manager den Boden gut zu düngen. Ihre Gärtner hantieren mit feinen Sieben schon in den Grundschulen. Kinder aus bildungsfernen Familien werden dort ungefördert der Hauptschule zugeführt, damit sie später nicht der Mittelschicht Positionen streitig machen können. Jedes Hauptschulkind enthüllt die Machtverhältnisse in unserem Bildungssystem. Jeder Langzeitarbeitslose enthüllt das Versagen einer Gesellschaftsordnung. Wie entsteht diese Unbekümmertheit in weiten Teilen der Gesellschaft? Kein Klagen, kein Aufschrei in den Gazetten, nur heimliche Tränen oder Freude, wenn man sich auf Arbeitsmärkten trifft. Die einen auf dem FAZ-Stellen-Markt, die anderen in den Jobcentern der Arbeitsagenturen. Jobcenter sind die Geschwüre einer kranken Arbeitsmarktpolitik, eines Siechenhauses. Hier werden die früh Ausgesiebten in ausgetrocknete Flussbette abgedrängt.

Welche Regeln und Strategien benutzen die Protagonisten, um ein aktuelles Drama unbedeutend zu machen, es zu banalisieren?

Die Herstellung des Bewusstseins vollzieht sich in routinemäßigen Alltagssituationen, die sich durch ständige Wiederholung eingeübt und eingeschliffen bewährt hat. Der Einfluss der Erziehungsagenturen Familie und Schule lässt sich an den Einschränkungen des Horizonts gegenüber wichtigen sozialen Situationen ablesen, der über die Zulassung eines Themas entscheidet. Das Alltagsbewusstsein ist Resultat von Ängsten und Anpassung. Werden wir mit neuen sozialen Situationen konfrontiert, ist die Übertragung die gängige Form der Verarbeitung, die ihrerseits Auslösefunktion haben und auch Übertragungsangebote machen.

Vergangene bedrohliche Erfahrungen, die auch verdrängt wurden, gehören zu der Sammlung abwehrender Antworten, mit denen sich Menschen vor angsterregende Sachverhalte zu schützen suchen. Sie übertragen somit frühere Angstbewältigungsstrategien auf neue soziale Situationen. Das Bedrohlichste ist die Angst vor dem Verlust des Ansehens, die Niederlage des Selbstwertgefühls.

Weshalb schützen sich Arbeitsplatzbesitzer auf Kosten der machtlosen Arbeitslosen? Die Bedrohung hat die Oberaufsicht im Alltagsleben. Nicht mehr das Alltagsleben ist die entscheidende integrierende Kraft, sondern das vorgefertigte Bewusstsein, das die Bevölkerungsmassen von ihrem Alltag haben. Trotz der vielen Studien über die gesellschaftlichen Spaltungen, die kleine Diskussionen angefacht haben, werden Änderungen verschoben. Die Brut der Armen versammelt sich weiterhin nach einer Auslese in Hauptschulen, und der Nachwuchs der bürgerlichen Mitte in den Gymnasien. Das Vorgefertigte wird medial in das Alltagsbewusstsein transportiert, und löst dort Altes aus. Die Angst Statussymbole oder eine geerbte Position zu verlieren wird übermächtig.

Nun müssen andere Schauspieler auf die Bühne gebracht werden, um die Bedrohung zu lindern: Jobcenter in den Kommunen, Qualifizierungsmaßnahmen erweitern, und die Zahl der Aufstocker erhöhen. Harmonie wird dem gemeinen Publikum geboten. Keine Regung beim Anblick von Arbeitslosen, nur das Pochen auf den Lohn der eigenen Leistung, auch wenn sie vom Elternhaus perfekt vorbereitet wurde.

Obwohl ein großer Teil aller Erwerbstätigen vom Arbeitsplatzverlust bedroht ist, entsteht kein gemeinsames Handeln. Keine verbindende Übereinkunft, wie eine graue beängstigende Zukunft für viele abgewendet werden kann.

Jeder zieht sich auf seine private Parzelle zurück, bis auch diese bröckelt. Die öffentliche Meinung leistet hervorragende Arbeit. Unternehmen haben kein Interesse an Arbeitslose und Verängstigte, nur an gut und günstig ausgebildete Angepasste.

Die politische Debatte aber, sie dreht sich fast nie um die Ausgesonderten und ihre Probleme. Manchmal gibt doch Verbesserungsvorschläge im Angebot. Mehr Druck auf Arbeitslose ausüben steht oben an. Viele Vorschläge zielen vor allem auf die Wählerstimmen der qualifizierten und motivierten Arbeitnehmer der Mittelschicht. Auch die Massenmedien steigen in diesen Reigen ein, indem sie die Mehrheit der beherrschten Individuen zur Identifizierung mit den Verhaltenserwartungen der herrschenden Gruppen zusammenbringen. Die schönen Erwartungen der herrschenden Minderheit sind somit von der beherrschten Mehrheit als ihre eigenen Erwartungen verinnerlicht worden. Produziert werden sie in den Umschlagplätzen der Agenturen Familie, Schule und Berufsleben. Dort für immer eingelagert ins Alltagsbewusstsein.

Kommt es nun im Leben zur Bedrohung des Selbstwertgefühls tritt automatisch die verinnerlichte Abwehr ein, die Realität wird umgedeutet. Wichtig ist, dass es mir gut geht. Hier wird deutlich, dass die geschilderte Umdeutung sich nicht nur auf einzelne Beziehungen, sondern gleichermaßen auf Schichten und gesellschaftliche Gruppierungen überhaupt richten.

Dieser Prozess wird mit Fernsehdebatten gestärkt, denn wir sind der Rohstoff, den es mit gefeilten Programmen zu formen gilt. Sie liefern dazu die Szenen und die Figuren, und ich erkenne mich nun endlich. Dieses Fernseherleben stiftet mir Identität. Es hilft das Volk zu teilen in Leistungsträger und in hinderliche Arbeitslose, in Macher und Versager. Dort soll ich mich finden.

Und zwischendurch die ewige Wiederholung der Werbung. Doch sie wirkt nicht nur auf unser Bewusstsein, sie soll nicht Gedanken, sondern Kaufimpulse auslösen. Werbung dringt in unsere Räume vor, soll unser Denken durch Impulse ersetzen. Die Bilder sind schon längst nicht mehr auf den Bildschirmen, sondern schon in unseren Hirnen. Die Programmierer haben hervorragende Arbeit geleistet.

Fünftes Kapitel

In die Klassenzimmer kommt die digitale Welt

Ausbildung ist etwas Gutes und sie steht hoch im Kurs beim Publikum. Wie Laborratten will man nun Schülerinnen und Schüler einen Stimulus geben. Selbst Kindergärten bekommen heute einen Bildungsauftrag. Wem es gelingt, sein Projekt mit einem Bildungsetikett zu versehen, der darf auf satte Gewinne hoffen. So geschieht es seit einigen Jahren mit der so genannten digitalen Bildung in Schulen, denn dort soll Saatgut eingebracht werden.

Den Gärtnern der Kapitalseite wird die Tür zur Umgestaltung des Schulbereichs von Politikern weit geöffnet, um auch diesen Raum sowohl ideologisch als auch marktförmig zu ihren Gunsten umzugestalten. Junge Menschen müssen frühzeitig auf ein Konsumentenleben vorbereitet werden. Das sind die Investitionsprogramme für die Zukunft, denn Jugendliche müssen mehr ökonomische Kompetenz erreichen, um das System später zu akzeptieren.

Die Ökonomie muss sich in immer mehr Lebensbereiche einnisten. Ein weiterer Ort sind eben die Köpfe der Schüler. Die Kampagne drittmittelgeschmierter Institute hat schon eindrucksvolle Erfolge verbuchen können: Wo früher Gemeinschaftskunde auf dem Stundenplan stand, da findet sich heute vielerorts "BWL und Medienkompetenz". Das Wissen wird gerne von einigen Dax-Konzernen bereitgestellt. Die deutschen Arbeitgeberverbände der Metallindustrie und Versicherungswirtschaft versorgen Lehrer mit Unterrichtsmaterial. Mehrere Banken wollen gleich die eigenen Angestellten in die Schulen schicken. Die Chancen für einen Empfang mit offenen Armen in den Schulen stehen gut: Denn zur Rettung der Unternehmensgewinne von Versicherern und Banken hat sich der Staat hoch verschuldet. Für Lehrerbildung, geschweige denn für Lehrerstellen ist nun kein Geld mehr übrig. Wenn jetzt der schlaue Bankberater als Einflüsterer die Vorteile kapitalgedeckter Versicherungen gegenüber dem altmodischen Solidarsystem erklärt, so nennt sich das "bürgerschaftliches Engagement". Doch solche kostenfreien Angebote müssen wir hinterfragen, denn kein Unternehmen macht etwas umsonst. Zum Marketinggrundwissen gehört zudem, dass man zuerst ein Bedürfnis herstellen sollte, um sich später als Anbieter dafür zu präsentieren. Das ist auch der offen ausgesprochene Plan der Konsumwirtschaft. Aufgrund der ökonomischen Unbildung vieler Kunden verlaufen oft Verkaufsgespräche zunehmend schwierig. Am besten man setzt an der Wurzel des Übels an, um hier Abhilfe zu schaffen. Bildung an Computern in den Schulen ist ein Investitionsgeschehen für die Zukunft. Denn tatsächlich ist es um diese Ausbildung in Deutschland nicht besonders gut bestellt. Wir sind noch nicht alle gute und willige Konsumenten, wir müssen noch lernen mehr wegzuwerfen.

Schulen brauchen keine Einflüsterer. Schon gar nicht solche, die zuvor dafür gesorgt haben, dass der Staat den Schulen nicht mehr selbst helfen will. Medienkompetenz ist in unserem Schulsystem nicht notwendig, jedoch benötigt es politische Bildung. Nur sie befähigt zu unabhängigen Denken und Handeln, andernfalls produziert sie willige Helfer für deutsche Wirtschaftsbosse.

Die deutsche Wirtschaftselite will mit einem Diktat erreichen, dass von ihr abweichende Motive und abweichende Konsumkulturen der Boden entzogen wird. Persönlichkeitsbildung und die Vermittlung von solidarischen Werten werden damit aus dem Lehrplan gestrichen. Menschen werden enteignet und unter systemkonforme wirtschaftliche Kontrolle gebracht. Dass ist nun segensreich für unsere unternehmerische Elite, denn dadurch gehen die ökonomischen Projekte der Konzerne nahtloser auf.

Der zugewiesenen Selbstlenkung steht den Konsumenten eine Abhängigkeit von Konsumneigungen, die von Machtkartellen gelenkt werden, gegenüber, die sich den individuellen Bedürfnissen völlig entziehen. Manche individualistische Konsumwünsche erweisen sich bei näherem Hinsehen als Übernahme ökonomisch vorgefertigter Verhaltensschablonen. Gefragt ist der passende und flexible Konsument. Schablonen werden bei frühkindlichen Aneignungsverfahren einfach gereicht und übernommen. Da wächst kein soziales Band, sondern eher Neid. Manche setzen ja darauf, dass Solidarität wieder von unten entsteht. Früher ließ Not die Menschen näher zusammenrücken. Doch diese Hoffnung wird sich nicht erfüllen. Bei einem abbröckelndem Wohlstandsniveau, stagnierenden Realeinkommen und steigender Arbeitslosigkeit werden die sozialen Verteilungskämpfe immer härter und jede Solidarisierung abgetötet.

Hohe Arbeitslosigkeit sichert zudem eine scharfe Konkurrenz auf dem Arbeitsmarkt und damit die Macht der Arbeitgeber bei Lohnverhandlungen. Steigende Sozialausgaben des Staates müssen allerdings an schrumpfende Einnahmen angepasst werden. Die Einnahmen leiden an der Schonung der Konzerne. Bewundernswert ist nun das harmonische Zusammenwirken der Medien. Sie dokumentieren die Notwendigkeit, um des nackten Überlebens des Sozialstaats willen ihn Schicht für Schicht abzutragen. Der aktivierende Sozialstaat müsse sich auf seine Kernaufgaben zurückziehen. Die Politik hat nicht die Kraft, die Situation durch Verhinderung des Lohndumpings zu verbessern. Stattdessen verbreitet sie über die Medien unsere Arbeitslosigkeit wird sich in den nächsten Jahren zurückziehen, da immer mehr Menschen Arbeit finden. Sie verhüllt jedoch, dass es nur fantasievolle Zahlen sind.

Doch Ursache hoher Arbeitslosigkeit sind reine Verteilungskonflikte um Arbeit, die durch Produktivitätssteigerungen und Konkurrenz immer weniger wird. Denn machtvolle gesellschaftliche Gruppen können sich unter modernen günstigen Bedingungen glänzende Positionen im Berufsleben sichern, und schwache Gruppen in die Leiharbeit oder ins Aus abdrängen. Den Abgedrängten fehlt es an dem kulturellen Kapital, dass man ihnen schon frühzeitig vorenthalten hatte, damit die Mitte der Gesellschaft ihre bedrängte Position festigen kann. Von interessierter Seite wird dann die Überalterung der Gesellschaft ins Bewusstsein der Bevölkerung gerückt, um sie auf einen schlankeren Sozialstaat vorzubereiten.

Die Bevölkerung altert schon seit vielen 100 Jahren, eine Umverteilung der Arbeit kann Rentenprobleme ausgleichen. Die Panikmache mit der Überalterung dient lediglich dazu, Versäumnisse der Politik in den Sozialsystemen zu verschleiern. Weshalb stärkt sie nicht die Zugangsvermögen schwacher Gruppen zum Bildungs- und Arbeitsmarkt? Von wem wird die Politik gelenkt, vor wem knickt sie da ein? Allerdings müsste sie bei einer Neuverteilung der Arbeit Kostenneutralität für die Arbeitgeber gewähren, denn Unternehmer drohen herrschaftlich mit Entlassungen. In neoliberalen Denkfabriken und Wirtschaftsforschungsinstitute ist einigen kühlen Denkern entgangen, dass die entschwundene Industriearbeit nicht zurückzuholen ist, auch nicht durch Lohnverzicht.

Sechstes Kapitel

Konzernherren lenken die Auslese

Die notwendige Neuverteilung der Arbeit wäre im Grunde eine Machtverschiebung im Arbeitsmarkt. Wie viel Lohn will man den schwachen Bevölkerungsgruppen zuteilen? Auf wie viel Profit wollen die mächtigen Gruppen verzichten? Leider wird es keine Neuverteilung der Belohnung geben, denn umsichtig wird der Boden für die Durchsetzung neuer Privilegien bereitet. Erstaunlich viel konnte bereits auf den Weg gebracht werden, meist mit dem schlichten Hinweis: die Unternehmensgewinne seien in Gefahr. Im Fokus von Medien und Politik begleitet von der Wissenschaft steht nun ja derzeit die Bedrohung durch Faulenzer. Da bangen welche um ihren Wohlstand, nur die nicht, die nie einen hatten. Wird da eine neue Deutung eingeläutet? Fleißige Wirtschaftswissenschaftler fordern gar ein Renteneintrittsalter von 70 Jahren, und das bei steigender Jugendarbeitslosigkeit. Der entscheidende Inhalt ist jedoch eine Senkung der gesetzlichen Rentenansprüche und Milliardenzuflüsse in private Rentenversicherer. Die Menschen, die keine private Vorsorge leisten können, werden sich im Alter mit einer spärlichen Rente auf Sozialhilfeniveau begnügen müssen. So bleiben sie Ausgeschlossene bis zum Tod. Noch befindet sich Deutschland in einem liberalen Entwicklungsstadium, denn in England lebt bereits jedes vierte Kind in Armut und in unserem Land erst jedes sechste. Doch die Weichen sind offenbar politisch gestellt. Unvermeidbar wächst die Kälte zwischen den Vollzeitbeschäftigten und denen, die von der Arbeit ausgeschlossen sind. Was ist wohl von jungen Menschen, die nach 100 Absagen auf ihre Bewerbungen ihre Identität im sozialen Abseits bilden, an Verhalten zu erwarten. Dieser Orientierungswechsel vollzieht sich bei uns auf breiter Front und weithin im Verborgenen. Da es keinen freien Arbeitsmarkt gibt, hat der Staat die Pflicht für gleiche Zugangsbedingungen zu sorgen. Doch die Politik handelt getrieben von kleinen mächtigen Geldeliten. Die Masse da unten, lässt man fallen bis ins Alterselend. Die Arbeitgeberverbände bereiten die Menschen gedanklich auf dieses Schicksal vor.

Das Gespenst einer kalten Ökonomisierung unserer Gesellschaft wird in Armutsdebatten ja ständig an die Wand gemalt, obwohl es schon unter uns ist. Ausgeblendet werden dann die privaten Geldakteure, die überfüllten Schatullen vieler Menschen. Die ungleiche Macht der Marktteilnehmer sind die gesellschaftlichen Krisen, sie kann man nicht auf Marktmechanismen reduzieren.

Aber jetzt ist man sich einig darüber, dass Arbeitslosigkeit und Sozialhilfebedürftigkeit enorme Mittel verschlingen, die Resultate des Forderns aber bescheiden sind. Eine Umsteuerung in Bildungsinvestitionen und Teilhabe wird nun ausgerufen. Es handelt sich plötzlich um einen Konsens der Eliten, nur warum geschah es nicht schon früher. Oder will man auch diesmal das bürgerliche Wahlvolk nicht verunsichern, das System erhalten und schwache Gruppen mit kompensatorischen Mitteln beschwichtigen damit alles so bleiben kann wie es ist? Die populistischen Massenmedien sollte man dabei nicht unterschätzen. Und sie bedienen sich gegenseitig, die politische Klasse und die Medien. Einigen steht der Angstschweiß auf der Stirn, wenn es darum geht, wie wir als Exportweltmeister und Umverteilungsgesellschaft künftig überleben sollen. Diese Angst angesichts der unabänderlichen Ausschließungsprozesse von großen Teilen der Bevölkerung hat auch die Mitte der Gesellschaft erfasst. Man merkt es an den Aufrufen, den Ausgeschlossenen aufzuhelfen, sie wieder in die Arme zu nehmen. Manchmal wird auch von einer Kanzel seelsorgerisch Solidarität gefordert, oder mehr noch: eine solidarische Gesellschaft. Doch es bleiben Wörter ohne Taten, zu groß ist die Angst vor dem eigenen Gewinnverlust, die Angst vor dem Verfall des eigenen Ansehens.

Ein Unternehmen ist eben keine soziale Einrichtung. Arbeitslose hat man in der Wirtschaft als wertlos abgeschrieben, da sie keine braven Konsumenten sein wollen. Die große Mehrheit der Feinbetuchten, Gewerkschaftsbosse und Politiker haben sich zusammengefunden und debattieren feinzüngig über die Aussortierten, statt ihnen wirklich aufzuhelfen. Der Konsumwahn soll mehr und mehr zum verinnerlichten und dominanten kulturellen Verhalten der kommenden Generationen werden. Diese erbärmlichen Verhältnisse werden von Gutpositionierten als wertvoll dargestellt, von der Masse als selbstverständlich-naturhaft hingenommen. Wer hat die Gehirnfunktionen der abhängig Beschäftigten und der KonsumentInnen so nachhaltig verändert, dass sie ihr Verhalten nicht als etwas konstruiertes wahrnehmen?

Die leisen Boten haben gute Arbeit geleistet.

Siebtes Kapitel

Die ökonomische Identifikation

Der breiten Masse ist von einer kleinen gesellschaftlichen Gruppe mitgeteilt worden, dass es in ihrem eigenen wohlverstandenen Interesse liegt, Reichtum bei anderen zu akzeptieren und als Leitbild für sich selbst anzunehmen. Schutz und Förderung des Wohlbefindens der Reichen übernimmt der Staat. Ihm ist es gelungen den wahren Umfang der Konzentration des Reichtums zu verhüllen, andererseits ihn aber zur Richtschnur für viele werden zu lassen. Der Machtaspekt des Reichtums wird vor der Masse sorgfältig verschleiert. Sie wird auf Nebenbühnen gelenkt: auf die Angst, das ersparte Kleinvermögen zu verlieren oder von einer Sprosse der Aufstiegsleiter abzurutschen. Das Programm ist gelungen: Die Aufstiegshoffnung besetzt den Reichtum positiv.

Die Übersatten fordern ganz risikolos, dass jeder schließlich nur das erhalte, was ihm auch wirklich zustehe. Armut fügt sich in dieses Bild recht gut ein, weil es als Unterschichtphänomen die Zufriedenheit der Vornehmen noch mehrt. Hartz IV-Empfang und Armut der Anderen wird zu einem Distinktionsmittel, zu einer vorzüglichen Möglichkeit zur Abgrenzung nach unten. Die wichtigere Möglichkeit besteht jedoch darin, die Angst zu beschwichtigen, wenn der eigene Aufstieg beschwerlich oder versperrt ist. Das öffentliche Bewusstsein integriert nun die Menschen erfolgreich, und es garantiert die gesellschaftliche Ruhe und Behaglichkeit.

Wenn ein Arbeitsloser und ein hoher Beamter sich am gleichen Fernsehprogramm vergnügen, oder wenn sie nach den gleichen Schnäppchen jagen, dann deutet das nicht auf das Verschwinden der Schichten hin, sondern auf das Ausmaß, wie die Unterworfenen in den genormten Konsum gelockt werden, der für die Erhaltung des Schweigens dient. Im oberen Bereich werden für Widerständler Spitzenpositionen bereitgestellt, um sie gefügig zu halten. Eine klare Trennung zwischen Oben, Mitte und Unten kann auf Grund wieder festerer Grenzen einfacher ermittelt werden. Man geht auf die KÖ oder nach KiK; man fährt mit der Straßenbahn oder nimmt schnell den Dienstwagen.

Diese Gesellschaft ist wie ein südliches Meer, unten schlängeln sich kranke Fische durch den Müll und oben schaukeln feine Yachten im seichten Wind. Die Flüsse der Medien transportieren alles in unser öffentliches Bewusstsein. Es formt sich zu einem Programm, die langsam durch die Hirne zieht. Arbeitslosigkeit und Unterbeschäftigung der ärmeren Schichten sind nun auf Umstände zurückzuführen, die diese Schichtmitglieder selbst verschuldet haben. Das ist die Botschaft der Vornehmen an die Verlierer. Die Botschafter sitzen alltäglich vor Kameras auf allen Kanälen. Zwischendurch dürre Statistiken aus der Kulisse. Viele Millionen Menschen stehen vor den Toren der Armut. Die deutsche Hochleistungsökonomie ist im Export Weltmeister geblieben. Konzerne stellen fest, dass ein Drittel ihrer Beschäftigten überzählig sind. Die schrillen Töne bedeuten nur, dass die Orte des Miteinanders schrumpfen. Die einen sichern ihr Anwesen mit Überwachungskameras, die anderen schlurfen gebeugt zur Tafel. Womit kann man den Beschäftigungsverlust eines hoch entwickelten Standorts kompensieren? Mit Nagelstudios, Altenpfleger oder als Hofkehrer in Reinigungsdiensten wohl kaum. Die brutale Freisetzung der Lohnabhängigen aus dem Arbeitsleben wird jede Solidarität zerstören. Denn es schallt über die Plätze: Ihr Ungebildeten tragt selbst die Schuld für eure Lage!

Jedes unbenebelte Hirn weiß, dass die globalen Konzerne ArbeiterInnen entlassen um ihre Profitziele zu erreichen. Sollen die unglücklichen Überflüssigen sich im unteren Teil der Gesellschaft versammeln? Ein Weg aus diesen gewollten Ausgrenzungsprozessen wäre die Verkürzung der Arbeitszeit auf 30 Stunden pro Woche. Allein schon die Erwartung auf einen interessanten Arbeitsplatz würde die Jugendlichen gewaltig anspornen sich zu bilden. Nicht die Schule verbessern, sondern erhoffte Lebensziele ermöglichen feuert das Lernen an. Die Botschafter rufen allerdings weiterhin: Leistung muss sich lohnen und wir sind die bürgerliche Mitte der Gesellschaft, nicht die Nutzlosen dort unten. Damit möchten sie ihre Wiederwahl auch von den Hochqualifizierten und Belohnten absichern. Andere Argumente kriechen bei einer Wirtschaftskrise auch wieder aus den Schubläden: Arbeitslosigkeit lässt sich nur durch Absenkung überhöhter Lohnforderungen verhindern. Doch diese dümmliche Argumentation wird in vielen Ländern vorgenommen. Sie schickt die einfachen Löhne zur Wendeltreppe nach unten, und mit ihnen die Kaufkraft einfacher Schichten. Eine Exportnation erkauft ihre Weltmeisterschaft mit Armut im eigenen Land. Doch Konzerne mit Exportschlagern jubeln, denn ihre Aktionäre können mit reichlicher Dividende rechnen. Vor anstehenden Tarifauseinandersetzungen sind dann die Bühnen frei für Szenen aus Werksschließungen und Niedergang der Wirtschaft.

Gibt es Möglichkeiten zur Neugestaltung der Erwerbsarbeit durch eine umverteilende allgemeine Arbeitszeitverkürzung? Ja, doch die obere Hälfte der Gesellschaft wird es nicht zulassen. Weniger Lohn für den steinigen Weg nach oben, niemals. Meine Position teilen mit anderen, undenkbar. Das Kapital, das meine Eltern in mich investiert haben, würde ja entwertet.

Schleicht sich da irgendwann einer auf die Bühne und schreit: Faule Ausländer raus!

Bleibt zweitens eine notwendige Einkommensumverteilung Utopie? Solange jedoch die Belohnten den Unteren sagen, wir sind wertvoller und uns steht dafür ein höherer Lohn zu, wird es an den Rändern immer ungemütlicher. Wenn wir nach der Rolle der Angst und Furcht bei der Entstehung politischer Haltungen bei wertvollen Menschen fragen, so sind wir weitgehend auf Untersuchungen angewiesen, die das Politische nicht zum zentralen Gegenstand haben. Drohender Prestigeverlust und Unterlegenheitsängste besitzen den Vorrang vor allen besorgniserregenden Faktoren bei den Begüterten. Deshalb ist es auch nicht verwunderlich, wenn hier Strategien entwickelt werden, die Sicherheit versprechen. Offensichtlich zeigen sich hier deutliche Prägungen der Erziehung in Familie und Schule. Eine Strategie ist die Einweisung der Nachkommen zu den schichteigenen privaten Schulformen mithilfe der Ideologie der „Begabung", auch begabungsgerechte Auslese genannt. Die bürgerliche Mitte sichert so ihre Stellung in der Gesellschaft ab, und die Benachteiligten dürfen ein Handwerk erlernen. Die Betrogenen fallen somit für die „Begabten" als Konkurrenten aus. Aber auch Begabte lernen für den kalten Markt.

Vor diesem Hintergrund analysiert, "funktioniert" Schule hierzulande im Sinne des Systemerhalts bestens, denn die Abgedrängten und Betrogenen schreiben sich ihre schulischen Misserfolge selber zu. Unterstützt durch ein Zeugnissystem, mit dem über Anpassungswillen gerichtet wird, damit konformes Verhalten für den Arbeitsmarkt erreicht werden kann. Hier wird Schlummerndes einfach abgemäht und eingeebnet.

Das entscheidende "Einfallstor" für den Erhalt des herrschenden Bildungssystems, dessen Wandlung allein die existierende Schichtstruktur noch nicht überwände, stellt die Begabungsideologie dar. Für Vordenker und Weltbildproduzenten ein feines Werkzeug, um früh Ausgesonderte als leistungsunfähige Wesen zu kennzeichnen. Diese Typisierung ist zwingend für die Machtverhältnisse in unserer Gesellschaft. Haben nicht die meisten Menschen schon ein heimliches Bündnis mit den neoliberalen Vordenkern eingegangen, in dem sie Verteilungsgerechtigkeit aus ihrem Denken verbannt haben?

Achtes Kapitel

Die Symbole der verborgenen Macht

Viele soziale Strukturen sind nur deshalb so wirksam, weil sie völlig verkannt und unterschätzt werden. Ein wundersamer Fall ist zum Beispiel das Gewaltverhältnis, mit dem Kinder aus ökonomisch und kulturell stark benachteiligten Familien in Hauptschulen abgedrängt werden. Gerade diese Familien, die Opfer der wirtschaftlichen Ausbeutungsrate sind, und diese Ungleichheit auch im Schulsystem erleben, glauben am kräftigsten daran, dass Begabung und Tüchtigkeit die einzig ausschlaggebenden Faktoren für den Schulerfolg sind.

Man hat es ihnen immer wieder eingegeben: Ihr Kind ist unbegabt. Hier findet die kulturelle Enteignung statt. Sollten die Eltern und ihre Kinder etwas darüber wissen, wie verborgene ökonomischen Zugangsregeln für eine höhere Bildung funktionieren?

Man könnte fast sagen, dass die am brutalsten vernachlässigten Gruppen keine andere Chance haben, als ihr Schicksal den politischen Parteien zu überlassen. Doch die Politik, die nur bestimmte Lieder singen darf, kämpft hier mit einem zweischneidigen Schwert: Einerseits stellt er sich als Helfer der Benachteiligten dar, und andererseits ist er selbst ein Komplize der Kräfte des ökonomischen Druckes.

Da werden bestimmte Mengen von Wissen angehäuft, um Jugendliche in erbitterte Konkurrenz gegeneinander zu treiben. Die anschließende Auslese gestaltet den Drill noch effizienter. Die Nützlichkeit steht wohl im Vordergrund, nicht die Entwicklung einer Persönlichkeit. Fügsame Arbeiter und Angestellte sollen produziert werden. Der Nachwuchs für hohe Aufgaben in Konzernleitungen und in der Hochfinanz geht auf Privatschulen. Das staatliche Bildungssystem muss auch Arbeiter herstellen, die bereit sind, trotz schulischer Abschlüsse auf hohe Löhne zu verzichten.

Der Bildungsmarkt und der Arbeitsmarkt haben verschiedene Strukturen und bilden doch eine Harmonie. Der Wert von Schulabschlüssen sinkt ständig, weil sie auf dem Arbeitsmarkt in einer ungeheuer großen Zahl angeboten werden. Diese Entwicklung zahlt sich für Inhaber von internationalen Zertifikaten besonders gut aus, da sie durch gute Beziehungen und Empfehlungen, auch soziales Kapital genannt, nicht in einer so schauderhaften Lage sind. Soziales Kapital ist nun auch die heimliche Voraussetzung, um Abschlüsse in gutes Einkommen umsetzen zu können.

Die Abwertung von Bildungsabschlüssen ist sehr ungleich, und hängt davon ab, wie groß die Macht der sozialen Gruppe ist, die ihre Stellung in der Gesellschaft nur auf diese Titel stützen.

Schulische Abschlüsse sind eben profitable Geschäfte, denn sie stellen eine besondere Form von Kapital dar. Sie sind das Endprodukt einer Investition, die sich auszahlen soll. Und diejenigen, die diese Scheine in ihren Händen halten, verteidigen ihr Kapital und Profite mit aller Macht. Sie kämpfen auch für diejenigen Einrichtungen, die ihnen dieses kulturelle Kapital garantieren.

Nun ist verständlich, weshalb es die hartnäckigen Verteidiger des jetzigen Bildungssystems gibt. Alle diese individuellen Kämpfe, die durch drohende Arbeitslosigkeit immer roher werden, summieren sich zur Zementierung einer jeden sozialen Schicht.

Das bedeutet, dass in unserer Gesellschaft diejenigen, die diesen Kampf um Bildungskapital verlieren, von den Aufstiegen ausgeschlossen sind, und auch in ihrer Würde tief getroffen sind. Diejenigen wiederum, die das Bildungskapital in ihrem Besitz wähnen, sollen auf Verlierer herab blicken können. Dieses kulturelle Kapital ist organisiert und trägt zur Überordnung von Menschen bei, wie bei feinem Tuch oder dem Häuschen, wo wir sofort erkennen sollen, auf welcher Sprosse der sozialen Leiter sein Besitzer kauert.

Der Umstand, dass diese Erscheinungen auch bei sinnlichen Äußerungen von lieben Menschen vorkommen, erweckt den Eindruck, als sei kulturelles Kapital die natürlichste Form des Eigentums. Wir erkennen nicht sofort das Machtgefüge hinter der Bühne, mit dessen Hilfe sich Menschen mit kulturellem Kapital bekleiden. Es gibt drei große Schichträume, wo sich die Angekleideten aufhalten. Einmal der einfache untere Raum, der in gewisser Weise die Abstellkammer für Ausgesonderte ist, wo sich die Wertlosen aufhalten. Der mittlere Raum, wo die Bessergestellten sich wärmen und ängstlich nach unten blicken. Und ein völlig abgesonderte oberer Raum, in dem sich die herrschende Klasse aufhält. Anders wie in geographischen Räumen, sind hier die gesellschaftlichen Räume durch fortwährende unerbittliche Kämpfe in Bewegung. Jedoch wer oben beheimatet ist, dürfte wohl kaum jemanden von unten hereinlassen. Eine Verbindung der Schichträume von oben nach unten übernimmt das öffentliche Bewusstsein, indem ein bestimmtes Gesellschaftsbild mit den Medien und der Politik nach unten transportiert wird.

Der Transport des Bildes vom Arbeitsmarkt ist eine Glanzleistung. Die herrschenden Schichten geben vor, wie der deutsche Arbeitsmarkt zu funktionieren hat, ohne Mitbestimmung Millionen wehrloser Erwerbstätiger. Sie geben vor, wie ein Bildungssystem zu funktionieren hat, damit ihr Nachwuchs durch feine Auslese die schichteigene Position zugewiesen bekommt. Die Hoffnung vieler Jugendlicher auf gesellschaftlichen Aufstieg durch mehr Bildung wird hier ausgehebelt. Auch die vielen Hauptschulabgänger, sie alle sind der Willkür der Habenden ausgesetzt. Der ungleiche Schulerfolg von Kindern aus verschiedenen sozialen Schichten spiegelt die Verteilung des Kapitals zwischen den Schichten wieder. Auch der Profit, der aus den Erfolgen erlangt wird, ist der Ertrag der schulischen Investition. Die landläufige Betrachtungsweise oder das Alltagsbewusstsein ordnet den schulischen Erfolg jedoch als natürliche Fähigkeiten ein. Es wird eifrig die Tatsache übersehen, dass Fähigkeiten und Abschlüsse das Produkt einer ausgeklügelten Bildungsinvestition ist. So wird in feinen Familien ökonomisches Kapital im Schulsystem in kulturelles Kapital umgewandelt, um dann die erworbenen Abschlüsse und Titel zur Verfestigung und Absicherung der angehäuften Vermögen zu nutzen.

Familien die kein kulturelles und ökonomisches Kapital besitzen, können allerdings keine Bildungsinvestitionen in ihre Kinder vornehmen, und müssen sich somit mit ihrem Nachwuchs einen Platz im unteren Schichtraum aussuchen, in dem Menschen ohne Abschlüsse und Titel abgestellt werden.

Es dürfen auf keinen Fall alle Menschen über Besitztum und kulturelle Mittel verfügen. Denn die ungleiche Verteilung von beiden Mitteln bildet insbesondere die Grundlage für die Wirkungen von Kapital, nämlich die Aneignung von Profiten und die Macht gesellschaftliche Spielregelungen durchzusetzen. Übrigens ist eine Bildungsinvestition, die in begüterten Familien stattfindet, die vollkommen verschleierte Vererbung von Kapital. Die Erben formen es um in Geld, kaufen dafür Maschinen und Fabrikhallen, darin dann Hauptschulabgänger arbeiten dürfen. Die Klassengesellschaft lebt, und reproduziert sich im unseren Schulsystem. Hier eine geschlossene Klasse der Produktionsmittelbesitzer, deren Interessen gebündelt sind, und dort die Klasse derer, die keine Mittel besitzen, also nur Konsumenten und Arbeitnehmer sein sollen.

Man denkt sofort an die materiellen und seelischen Leiden all der Arbeitslosen, all der Hartz IV-Empfänger, all der Leiharbeiter. Doch wenig wird über die Hoffnungslosigkeit gesprochen, die etwa von den mit dem Schulsystem zusammenhängenden Enttäuschungen hervorgerufen wird. Sei es, dass man von der Schule nicht die Titel erhalten hat, welche die Eltern erwarteten, sei es, dass man am Arbeitsmarkt nicht das erreichte, was die von der Schule vergebenen Titel versprochen hatten.

Diejenigen, die Arbeitslose verurteilen, müssten mit der gleichen Schärfe die Bedingungen verurteilen, wodurch Arbeitslosigkeit entsteht.

Die Macht der Märkte ist durch den Bau von Mammutkonzernen entstanden. Kleine Konkurrenten sind unterlegen, aber nicht nur deshalb, weil es viele Produkte gibt, die nur in großen Serien rentabel hergestellt werden können, sondern weil große Konzerne über mehr finanzielle Manövriermasse, über ausgeklügelte Vertriebswege und ausgedehnte Werbemöglichkeiten verfügen. Die Konzentration in der deutschen Wirtschaft zerstört die Solidarität. Zehntausende von Zulieferern müssen sich der Machtstellung der Großkonzerne beugen. Die kleinen fügen sich den großen, sonst würden sie in den Ruin getrieben. Diese Machtballung nennt man allerdings euphemistisch Firmenkooperation. Wie viel Millionen Arbeitnehmer darunter leiden, wird ausgeblendet. Denn die Löhne werden langsam aber sicher nach unten geschraubt, und der Staat stockt ja auf, damit es ruhig bleibt im Lande. Niedrig Entlohnte die aus Not in diesen Gewaltverhältnissen arbeiten müssen, beugen sich den Arbeitgebern. In einigen Jahren werden Unternehmer Arbeitslose ohne Entlohnung beschäftigen, da der Staat mit Alg. II die Kosten übernimmt. Diejenigen aber, die jedoch nur eine Beschäftigung suchen um einen satten Gewinn aus ihrer Bildungsinvestition zu erzielen, sind in einem höheren Schichtraum anzutreffen und bei den Arbeitgebern hoch angesehen. Es ist die totale Verwahrlosung der menschlichen Beziehungen im wirtschaftlichen Raum.

Die Funktionsweise des Arbeitsmarktes beruht daher auf der Existenz zweier entgegengesetzter Motive zur Teilhabe am Marktprozess. Der Motor der Wirtschaft ist Hunger und Gewinn. Es streben also Menschen auf den Arbeitsmarkt, die das Nötigste kaufen müssen oder auf hohe Profite hoffen. Die einen müssen sich einem kargen Lohn beugen, die anderen handeln Sonderverträge mit ihrem neuen Arbeitgeber aus.

Das etablierte Wissen, die öffentliche Meinung bestimmt nicht nur was als richtig gedacht, sondern auch was idealisiert werden darf. Die gesellschaftliche Ausgrenzung der Arbeitslosen und die Verherrlichung der Leistungsträger und Fleißigen bilden nicht nur den Mörtel für die Arbeitsagenturen, sondern auch den Zement der Kontrolle über die Berufstätigen. Deshalb ist die Ausgrenzung nicht dadurch gesellschaftlich erfolgreich, dass sie menschenmöglich die Eingliederung der Arbeitslosen erreicht, sondern dadurch, dass sie bewusst Wertlose schafft - nämlich eine gesonderte Schicht von Menschen, deren Unwürdigkeit den Leistungsträgern als eine für sie nicht wünschenswerte Alternative ständig erneut vor Augen geführt werden kann. Wer möchte schon zu dem Abfall unseres Arbeitsmarktes gehören, der von Leistungswilligen mitproduziert wird. Und dann der Stolz, der beim täglichen Anblick Arbeitsloser in mir schwillt, da ich mich zu den wertvollen Konsumenten zählen darf. Es gibt keine Lücken mehr, in die wir uns vor diesen Auswirkungen zurückziehen könnten. Das hergestellte öffentliche Bewusstsein, das alle beherrscht, hat mit medialer Macht alle menschlichen Beziehungen programmiert, ist allgegenwärtig und bis in unsere Nervenbahnen eingedrungen.

Neuntes Kapitel

Kritik trocknet aus

Das stählerne Gehäuse, das Menschen umklammert, gräbt tiefe Spuren in ihre Persönlichkeit. Die fein durchdachte und unversöhnliche Ansammlung von Einkommen, Besitz, Wissen, Ansehen und Macht erzeugt bei vielen feindliche Hochmütigkeit oder Unterwürfigkeit und Ohnmacht. Das Einkommen oder das füllige Haben der Anderen wird als bedrohlich für die eigene Existenz empfunden. So sitzen die Menschen isoliert in ihren großen und kleinen privaten Winkeln, und spähen verstohlen in die unverhangenen Fenster der Anderen. Große Kinderzimmer eingesät mit Spielsachen aus künstlichem Stoff bereiten schon früh auf dieses eingekapselte Leben vor. Familien reichen ihren Ort in der Gesellschaft, ihr Konsumverhalten und ihren Habitus, an ihre Kinder weiter. Welche Erbschaft der Eltern erwächst und erschlägt dort? Ärmliche Lebensorte schleifen und prägen andere Konsumstile und Einstellungen in die Persönlichkeit, als die Orte und Berufe, die für Bürger der Mittel- und Oberschicht vorgesehen sind. So sind Auswirkungen der Arbeitsbedingungen oder gar Arbeitslosigkeit auf den Lebensstil und das Erziehungsverhalten der Erwachsenen unumgänglich. Kinder werden somit auf die Deutungen und Konsumstile vorbereitet, denen ihre Eltern anhängen. Das konkrete Erziehungshandeln der Eltern, also die Art der Problemlösung in Konfliktfällen und das Ausmaß von Bestrafung und Belohnung, wird indirekt durch das berufliche Konkurrenzverhalten schädigend beeinflusst. Prekär beschäftigte Eltern geben andere Lebenseindrücke an ihre Kinder weiter, als ein Elternpaar mit einer hoffnungsvollen Beamtenlaufbahn. Erstere vermitteln Angst vor sozialen Abstiegen und Resignation; letztere Hoffnung, Aufstiegsgewissheit und ein sorgloses komfortables Leben.

Weil Menschen so vieles an ihren Lebensvorgängen alltäglich hinnehmen, reproduzieren sie ihr Gelände unbewusst. Die Stimmungslagen, in denen sich das Erwerbsleben der Mütter und Väter widerspiegelt, bringen sie in die familiäre Situation so ein, dass sie in den spontanen Reaktionen auf das Verhalten der Kinder weitergegeben werden. An der Privatsphäre vieler Familien rütteln und zerren geringer Lohn und Frustration, oder auch hochwertiger Konsum. Konsumieren wirkt da erlösend und dazu gehörend. Der Ort und Ausmaß des Kaufens entscheidet darüber, ob Bürger sich dem Milieu, das sie atmend umgibt, auch wirklich zurechnen dürfen. Das Niveau des Kaufens wird gesellschaftlich vorgegeben, ist sozial erwünscht. Jemand der nicht mithalten kann oder nicht mithalten will wird isoliert und mit Häme übergossen. Doch im Sinne der Abwehr sozialer Angst, muss Isolierung vermieden werden, dass lernen wir schon in den ersten Lebensjahren. So werden zwischenmenschliche Beziehungen bestimmt durch Besitz, unterschiedliche Konsumgüter und Angstgefühle.

Die neuen Tagelöhner und Leiharbeiter der verlierenden Sozialschicht wissen, das Güter und Lebenschancen in der Gesellschaft ungleich verteilt sind, dass sie von den Vorrechten der vermögenden Bürger ausgeschlossen sein sollen. Vereinzelt gelingt ein individueller Aufstieg, doch sonst begnügt man sich resignierend mit dem Festklammern am Kleinbesitz, an Balkonpflanzen oder am Dauerfernsehen. Viele sind ihrer Misere nicht gewachsen, da sie dazu verurteilt sind, dass, was wirtschaftliche Macht bei ihnen angerichtet hat, als eigenes Versagen zu interpretieren.

Die Frage, wie sich die beschriebenen Bedingungen, unter denen Familien leben, durch Veränderungen in Psyche und Gehirn der von ihr Sozialisierten niederschlagen, haben sich bisher nur Sozialwissenschaftler und Neurobiologen gestellt, nicht aber alle Menschen. Der Zwang willige Konsumenten zu sein, zwingt Familienmitglieder dazu, Konflikte zu verschleiern oder sie in ständig verzerrter Art auszutragen. Deshalb sind viele Menschen zu einem isolierten Leben verdammt. Das System der Arbeitswelt stellt sie zu konkurrierende Wesen her. Die Geburtenzahlen malen ein deutliches Bild. Die Angst, nicht mehr kaufen zu können, den Rang zu verlieren, durchdringt das Alltagsleben, und macht zum Feinde. Sie verleiht allen Beziehungen einen ambivalenten Charakter, sodass sich Menschen misstrauisch und unversöhnlich begegnen. Trennungsängste und die mit ihnen verknüpften Schwierigkeiten, die aus frühkindlichen Erfahrungen resultieren, sind typisch für psychische Verläufe die im Berufsleben reaktiviert werden.

Wirtschaft und Gesellschaft weist besonders der Familie die Aufgabe zu, in der primären Erziehung Arbeitswillige für die Unternehmen herzustellen, die später günstig verwertet werden können. Solange jedoch die Ökonomie den Menschen ihren Weg vorgibt, wodurch jede knospende Solidarität zerstört wird, werden sie nicht los, was sie in der Kindheit traumatisch erfahren haben.

Die Erwachsenen bleiben vor allem deshalb unbewusst an frühe Rivalitäten und an die mit ihnen verknüpften Problematiken fixiert, weil ihre Arbeitswelt sie dauernd in Situationen hineinzwingt, die sie als bedrohlich empfinden. Diese psychischen Strukturen sollten aufgebrochen werden. Denn die Furcht in den Seelen ist ein Treibmittel unseres wirtschaftlichen Handelns. Das Kalkül sich zu bereichern ist auch oft mit Angst besetzt. Sie ist vermittelt, wer sich nicht an die ökonomischen Regeln hält, wird heutzutage nicht verhungern, aber am Horizont zeichnet sich Deklassierung und Demütigung ab. Die Furcht vor dem Ausschluss, und die gesellschaftliche Erwartung des Konsumierens haben sich bereits in unseren Gehirnen neue Wege gebahnt. Denn bei nicht befolgen droht der soziale Tod. Die Erfahrungen die das Kind in der Familie erlebt, hinterlassen Spuren in den neuronalen Netzen und werden später durch verwandte Belastungen unbewusst reaktiviert. Die Zerrissenheit im Menschen, die daraus entspringt, dass er ein Teil der Konkurrenzgesellschaft sein will und zugleich gegen sie kämpfen muss, ist nur zu lindern, wenn die psychischen Belastungen, die die Gesellschaft ihm, oder die er sich selbst auferlegt, durch Solidarität verringert werden.

Gerade die Kleinfamilie, mit ihrem Versuch zum privaten Glück und Drang zum Aufwärtsstreben, sozialisiert individualistische Interessen, die Furcht und psychische Belastungen fördern. Eine Persönlichkeit ist am gedeihen, in der Angst und Anerkennungswünsche Zuhause sind, in der früh solidarisches Handeln zugeschüttet wird.

Neben der Steuerung der Massenmedien sind Menschen vielfach zusätzlich einem permanenten Konsumappell ausgesetzt, der gezielt seinen Anerkennungswünschen entgegenkommt. Dabei ist die organisierte Vorbereitung des Konsums durch die Vorarbeiten der Bewusstseinsindustrie, eine notwendige Rationalisierungsmaßnahme der Unternehmen. Denn die Massenproduktion zwingt sie dazu, den Konsum durch gezielte aufdringliche Werbung langfristig im Verbraucher anzuregen. Auch der Staat drängt zu höheren Konsumausgaben, beschließt Ankurbelungsmaßnahmen, jedoch geht es ihm um Mehreinnahmen aus der Massensteuer für seine Beamtengehälter und -pensionen. Die Menschen müssen lernen zu konsumieren, zu konsumieren wann das System es will und wie viel das System will.

Zugleich verspricht der Kauf von Waren seinem Käufer aber über den Gebrauchswert hinaus auch etwas Schönes und Traumhaftes: Sicherheit und Mitgliedschaft, Bedeutung und Anerkennung. In Warenhäuser sind Menschen vor Regalen zu beobachten, die dort träumend ihr Inneres zu finden glauben. Für alle ist etwas dabei, Fernsehgeräte mit Flachbildschirm, für die saubere Hausfrau ein neues Waschmittel und für Jugendliche ein Handy. An freien Samstagen fahren viele gutgelaunt nach Ikea, und andere zum Autohaus. Alles umgarnt von Missgunst und Konkurrenz, um Statusverluste und soziale Abstiege abzuwenden. Gleichzeitig erhöhen sich die Müllberge, da vieles ihr anfänglich Verheißendes nach kurzer Zeit verloren hat.

Früher wanderten Menschen an Wochenenden von ihren Kindern jauchzend umringt durch duftende farbenfrohe Wälder; heute wandeln sie mit ihrem Nachwuchs hungrig durch Baumärkte und Konsumhallen.

Beleuchten wir einmal die primäre Sozialisation. Die Einigungssituation in der Mutter-Kind-Zweisamkeit ist der Anfangspunkt eines lebenslangen Geflechts. Hier liegt der Kernpunkt der Vergesellschaftung. Keine Reaktion der Mutter auf das Kind ist außer-gesellschaftlich. Wenn sie vom Kind als Subjekt erkannt wird, so ist ihre Subjektivität immer schon als gesellschaftlich hergestellt zu denken. Die Lebenslage der Mutter ist ebenso hergestellt und befindet sich in einer realen gesellschaftlichen Schicht. So werden die ersten eingerichteten Gehirnstrukturen beim Kind kleine Geflechte der künftigen Konsumgesellschaft. Welche Einflüsse hat die Erwerbstätigkeit der Frauen und die allein erziehenden Mütter auf die Sozialisation der Kinder? Die Familie ist immer weniger ein Hort der Verbundenheit, und es tragen nun beide Elternteile ihre Arbeitswelt ins Private. Immer weiterer Lebensbereiche werden nach den profitorientierten Erfordernissen der Großkonzerne umgebaut. Die Erwachsenen in der Familie sind ein feines Transportmittel. Da schwappt die Konsumentenwelt bis ins Kinderzimmer.

Keimt da ein Mangel an Gemeinschaft und Selbstwert, dass später mit überhöhten Konsumwünschen ausgeglichen werden muss? Sollen hierfür der eigene Beruf und der Lohn zur Aufwertung des Selbst, mit der Anerkennung durch andere, beitragen? Setzen wir uns nun alle in die Regale und lächeln? Und auch Manager und Politiker, mit ihren überhöhten Arbeitseifer sind den frühen Erwartungsmustern weitgehend verhaftet. Der Anspruch auf Herrschaft, auf Allmacht und verschleierte Kontrolle über andere dient unmittelbar der Erhaltung und Stabilisierung des früh verletzten Selbstwertes. Die Anderen sind die Spiegel, die mir sagen wer ich bin.

Sollten wir lernen, Herrschaftsstrukturen und Verteilungskonflikte um Arbeit als Ursache von Lebensbeschädigungen zu erkennen? Denn subjektive Strukturen wachsen im Verborgenen. Die Zurichtung der Menschen schlägt sich nicht einfach als Übernahme und Verinnerlichung vorgefundener Werte und Orientierungsmuster nieder. Psychische Struktur entsteht auch durch Freude, Versagung und wirtschaftlich vermittelte Angst. Absturzgefahren, Täuschungsmanöver oder Resignation überspielen neuronale Netzwerke. Sozial erwartetes Verhalten ist dann bereits dem Inneren aufgezwungen, ist ein unbewusster Vorgang. Kurzfristig angebotene Sinngebungen werden hastig entgegen genommen.

Arbeit gebe den Menschen das Gefühl der Anerkennung und Bedeutung, sie allein könne Zugang zur gesellschaftlichen wie persönlichen Identität öffnen. Diese Deutung ruft uns zu, dass Lohn und Konsum eine Investition für die eigene Mitgliedschaft in der Gesellschaft ist. Nicht Sehnsüchte und Bedürfnisse sollen befriedigt werden, sondern die Marktfähigkeit des Konsumenten muss hergestellt werden. Konsum ist eine Investition in alles, was für den sozialen Wert des Menschen von Bedeutung ist. Die Unmöglichkeit, das Erwartete zu erfüllen, oder den protzenden Aufrufen der Besitzenden nicht umgehend zu folgen, mündet in ein Gefühl, unzulänglich und minderwertig zu sein. Diese feine mittige Überzeugung treibt alle dazu an, sich mit allen anderen im Wettkampf um knapper werdende Arbeitsplätze dem Diktat des Arbeitsmarktes zu beugen. Menschen werden im Wettlauf um einen dieser Arbeitsplätze gegeneinander ausgespielt, und die Ausgekoppelten gelten als schlechte Konsumenten und als wertlos. Was bewirkt dieser Prozess, wenn er in die Familie hineingetragen wird? Die Antwort ist überall sichtbar: Abkehr vom Politischen, Selbstvorwürfe, Suche nach Sündenböcke und psychisches Leiden. In dieser Zeit, in der für viele das Vertraute ihre Gültigkeit verliert, erlaubt sich die Werbeindustrie die endlose Suche nach Selbstbestimmung und Lebenssinn neu zu deuten. Eine solche Schwerpunktverlagerung ist wichtig, damit schon junge Gesellschaftsmitglieder auf das Leben in einer digitalen Zukunft vorbereitet werden, in dessen Mittelpunkt wiederum die Einkaufszentren stehen.

Schon in die kleinen Seelen werden falsche Orientierungsmuster früh eingewoben, um unkritische Lohnabhängige für Unternehmer und gutgläubige Konsumenten herzustellen. Die heute so hilflose Identitätssuche mit digitalen Werkzeugen, drückt nicht einen Willen aus, ein unabhängiger Mensch zu werden, es ist im Gegenteil die Furcht nicht dazu zu gehören. Daher argumentieren viele Sozialwissenschaftler, dass die Fähigkeit des Individuums, ein autonomes Subjekt zu werden, nur das Ergebnis einer gelungenen Sozialisierung sein könne.

Doch gerade dieses Gelungene, ist oft verpuppt und birgt Unheil für die Gemeinschaft!

Denkgewohnheiten sind so fest verankert, dass sie die Ursachen des Schwindens von Solidarität nicht wahrnehmen. Von hoher staatlicher Warte wird lebendige Gemeinschaft und neuer Familiensinn eingefordert, ein hoffnungsloser Aufruf, denn es wird nicht an die Wurzel gefasst. Hartz IV-Empfänger und Leistungsträger werden gegeneinander ausgespielt, um sie gefügig für den Arbeitsmarkt zu machen. Immer mehr Menschen kämpfen listig um Arbeit, da ist Solidarität ein Hemmschuh. Diese Vergesellschaftung darf nicht alles auf die Integration durch Arbeit setzen, auf eine neue Dienstleistungsgesellschaft, in der alle Tätigkeiten nur als Mittel, das Nötigste zu verdienen oder feinen Anerkennungswünschen zu dienen, geschätzt werden. Dadurch bringt sie hilflose und abhängige, resignierende und fein verhüllte Persönlichkeiten hervor, die im mörderischen Kampf um Arbeit und Lohn keiner Solidarisierung mehr fähig sind. Die geformte Mittelschicht überzeugt sich selbst von der Ursache der Arbeitslosigkeit, wenn sie hohe Löhne als Ursache ausmachen und Aussortierte als Versager und Faulenzer beschimpfen. Doch was bleibt den Kernbelegschaften im beruflichen Alltag übrig, als Solidarität und Mitmenschliches zu verbergen, um nicht mit in den sozialen Tod getrieben zu werden?

Die Einkapselung der Menschen wird hervorgebracht durch erlernte Überlistungsstrategien, die sie fit machen, um in den Wellenbrechern des Arbeitsmarktes zu überleben. So schmieden sie ihre individuellen Karrieren auf den Rücken Anderer.

Im Graben zwischen Ausbildung und Arbeit können aber viele ganz liegen bleiben, wenn sie die Erfahrung machen, dass der Arbeitsmarkt sie mit ihren Qualifikationen und lebensgeschichtlich erworbenen Eigenschaften gar nicht mehr braucht, sie zurückstößt. Das schafft Kränkungen, Verletzungen, Wut und Verzweiflung. Wichtig sind gerade vor und während der Adoleszenz sinnvolle Arbeitsaufgaben, die zunächst mit Größenwünsche aufgeladen, dann überprüft und ins Realistische umgewandelt froh machen. Bei der gegenwärtigen gesellschaftlichen Entwicklung fehlen sie. Dadurch droht das Geltungsstreben völlig in den Vordergrund zu rücken. Die ständige Suche nach neuer Kleidung und das griffbereite Handy ist da nur ein kläglicher Ausgleich. Gerade für die jüngeren Lohnabhängigen steht mehr auf dem Spiel als nur die Arbeitsstelle oder die berufliche Position. Es geht um anerkannte Selbstbilder und Lebenspläne, deren Realisierung durch die Macht der Kernbelegschaften und Arbeitgeber gefährdet ist.

Die anhaltenden wirtschaftlichen Umwälzungen haben im Zusammenwirken mit falschen öffentlichen Investitionen nicht nur Unsicherheit und Angst hervorgerufen, sondern auch einen immer größeren Kreis von Menschen in den materiellen und sozialen Ruin gedrängt. Hinter den mehreren Millionen Fällen von Arbeitslosigkeit verbirgt sich ein Vielfaches von Betroffenen, die in den letzten Jahren das Unheil gespürt haben. Aufgewühlte Eltern können die manifeste und latente Gefahr der Arbeitslosigkeit und die damit einhergehende Zukunftsfurcht vor ihren Kindern nicht verbergen. Die Wahrnehmung und Lebensorientierung der Kinder wird es in psychosozialer und emotionaler Hinsicht bedrängen. Diese Entwicklung bleibt auch den nichtbetroffenen Kindern und Jugendlichen keineswegs verborgen. Sie spüren, wie Angst, Ohnmacht und Verzweiflung bei ihren Freunden wirkt.

Insgesamt sind in diesem Kontext zwei Aspekte für das Sozialisationsfeld Familie und Schule von Bedeutung. Erstens verbinden sich mit den wahrgenommenen oder selbst erfahrenen Lebensrisiken bei Kindern und Jugendlichen generell Zukunftsängste und

Orientierungslosigkeit. Die sicher geglaubten Zukunftsperspektiven wanken, und gegenwärtiges Lernen wird mit Lebenschancen aufgerechnet. Der zentrale Wert des Schulerfolgs wird erschüttert. Da heute Motivation und Leistung vornehmlich aus dem zukünftigen Tauschwert von Schulabschlüssen in Konsumartikel abgeleitet wird, geht nun die Sinngrundlage schulischen Lernens für Bildung verloren. Zweitens wird die eigene Lage als ungerecht wahrgenommen, und die weiterhin vorgegebenen Ziele nach Erfolg und Wohlstand erzeugen bei den Verlierern Ohnmacht, sowie feindliches Verhalten gegenüber noch Schwächeren. Gerade wegen der Konkurrenzbedingungen auf dem Arbeitsmarkt hat sich damit an der Nahtstelle vom Schulabgang zum Beruf der Wettbewerb unbändig verschärft. Dies bleibt nicht ohne Folgen auf die Gegnerschaft im schulischen Leben. Mit immer feineren Lernmethoden wird nur noch der Vorsprung bearbeitet. Anderseits werden bei Lernermatteten Gefühle von Sinnlosigkeit und Unbrauchbarkeit gesteigert. Dieser Wettlauf zerstört Bindungen und verdrängt solidarische Umgangsformen in den Klassenräumen. Der heftigste Druck liegt auf Mittelschichtfamilien, denn sie müssen Abstiege und Statusverluste abwenden. Das Zentrale für die Sicherung positiver Perspektiven für die Lebensplanung ist ein aussichtsreicher Einstieg in das kapitalistische Erwerbssystem. Wenn von den politischen Akteuren nicht ein Rahmen von sichtbarer Verteilungsgerechtigkeit für Bildung gebaut wird, entsteht aggressive Rivalität oder Trostlosigkeit, die sich auch in Lernabneigung ausdrückt. Statt junge Menschen in Warteschlangen auf den langen Fluren der Arbeitsagenturen einzureihen, müssen schon in den Räumen der Schulen Sicherungen eingewoben werden, wodurch die Privilegien einiger gesellschaftlicher Gruppen ihre Gültigkeit verlieren.

Denn was wird in die Seelen der Jugend hinein gebettet, die unter den jetzigen Bedingungen vergesellschaftet wird? Die von einer Generation erzogen wird, der das, was sie einmal verbinden sollte, entglitten ist. Durch konforme und unkritische Erwachsene lösen sich für viele Jugendliche erhoffte Lebensziele in Luft auf. Da wird

Falsches vorgelebt. Gefragt sind in dieser prekären Lage mutige Menschen, die das Bild nicht nur bepinseln, sondern die verhindern, dass ein Drittel der Gesellschaft an Ränder geschleust wird. Die Verantwortlichen haben jedoch schon vorsorglich Auffangbecken und Abfalleimer für die Abgedrängten eingerichtet: Hauptschule, Arbeitslosengeld II, Sozialhilfe, Sozialpädagogik und Umschulungen. Dort sollen die Auswirkungen eines hoffnungslosen Lebens abgefedert und entsorgt, aber die Ursachen nicht beseitigt werden.

Fleißige rechte Hände der Konzernherren schrieben wichtige Gesetzesvorlagen an Ministerien. Das Stahlkorsett muss mit neuen Bändern verstärkt werden. Fleißige Wirtschaftswissenschaftler drehen mit neoliberalen Werkzeugen immer dickere Schrauben in den uns umgebenden Panzer, aus Furcht ihr Gebäude könnte gänzlich zusammenstürzen.

Zehntes Kapitel

Eine wichtige Illusion

Durch die absichtlich anhaltende Ungewissheit von Beschäftigungsperspektiven schleicht sich nackte Angst in das Gefühlsleben vieler Menschen. Ein Niedersinken in die soziale Bedeutungslosigkeit droht. Wiederkehrende Arbeitslosigkeit und Leiharbeitsverhältnisse können nun als selbst verschuldet wahrgenommen werden. Überflüssige im Produktionsprozess haben eine wichtige Funktion. In der Öffentlichkeit werden sie nun als Kostgänger wahrgenommen, die den staatlichen Kassen zur Last fallen. Doch diese Funktion im sozialen Prozess ist ihnen zugedacht, eine wichtige, die die Wettstreitenden ums Wohlfühlen besonders anspornt.

Die Dauerarbeitslosen, bzw. diejenigen, die der Öffentlichkeit als Problemgruppe vorgestellt werden, geraten verstärkt zur auserkorenen Gruppe einer Sündenbockstrategie.

Zugleich gewinnt die Erwerbsarbeit erstaunlich an Reiz und Verlockung. Ihre dauernde Beanspruchung erblüht zu einem Statussymbol. Insbesondere in den höher qualifizierten Berufsgruppen pflegt man lange Arbeitszeiten. Wer nicht erwerbstätig ist, verliert somit soziale Anerkennung. Es fehlen ihm die Mittel, um sich Ersatz für fehlende Statussymbole zu beschaffen. Der Verlust der Arbeit Anderer in einer erwerbsarbeitfixierten Gesellschaft ist daher immer eng mit eigenen Gefühlen der sozialen Überlegenheit und der Zugehörigkeit verknüpft. Denn auf der einen Seite wächst der Zwang zur Erwerbsbeteiligung, um sich wohlig zu fühlen und dem sozialen Nichts durch Arbeitslosigkeit zu entkommen. Anderseits werden durch die bedrückenden Zukunftsgedanken immer mehr Menschen von Arbeitsplatzbesitzern aus dem Ring gedrängt.

Bei dem Zusammentreffen von Gewinnern und Gescheiterten auf dem Arbeitsmarkt, sowie Stigmatisierung derer, die nicht am Konsumstil teilnehmen können, betritt nun der Ausgesonderte die Bühne der Gesellschaft. Auf ihr bekämpfen sich Gruppen mit hohem sozialem und kulturellem Kapital mit denen, die von diesen wichtigen Kapitalien ferngehalten wurden.

Der Aussortierte ist nicht mehr im Spiel, er ist ein schlechter Konsument. Diese neue Sozialfigur ist insgeheim aber willkommen, denn nun können die Anderen im Publikum sich darstellen und sich wohlig auf ihren Drehstühlen zurücklehnen.

Die Konsumgesellschaft steht für eine Art von Gesellschaft, die die Entscheidung für einen konsumistischen Lebensstil propagiert. Arbeitslosigkeit ist keine Voraussetzung für die Mitgliedschaft in dieser Gesellschaft. Nur eines ist wenigen klar: auf einem Arbeitsmarkt, der von mächtigen Konzernen beherrscht wird, haben Arbeitslose aktuell keine Chancen. Dieser Umstand aus dem Rennen zu sein, verdanken sie wirtschaftlichen Spielregeln, die in Vorstandsetagen ausgedacht wurden.

Auf wen treffen wir auf den Abfallplätzen der Konsumgesellschaft? Wir treffen auf Frauen und Männer, die ihren Lebensmittelpunkt verloren haben. Langzeitarbeitslose resignieren, denn ihr Erwerbsleben ist ausgeschaltet worden. An eine Rückkehr in Arbeit glauben sie nicht mehr. Heute wissen sie nicht, woran sie sich halten können. Im Bewusstsein der eigenen Überflüssigkeit finden sie keine Antwort auf ihre ausweglose Lage. Der demütigende Blick der Arbeitsbesitzer tut seinen Rest.

Dieses Kreisen in der Abstiegsspirale ist vielen Arbeitslosen bekannt, denn sie verlieren ihren Halt und ihre Qualifikation. Der stetige Wechsel von Kurzfristjobs, Leiharbeit und Maßnahmeverrichtung führte sie Schritt für Schritt an den Rand der Gesellschaft. Oder waren sie schon immer im Randbereich? Erst in der Randbelegschaft, und nun in der Randgesellschaft am Rande der Stadt.

Was empfinden dagegen die Mitglieder der Kernbelegschaft, die beruflich und sozial Etablierten? Vielleicht heimliche Freude oder Stolz auf die eigene Leistung? Sie merken nicht, dass ihre Nützlichkeit von einem wirtschaftlichen Regime vorgerichtet wurde.

In den Randlagen der welkenden Arbeitsgesellschaft treffen wir auf viele Jugendliche ohne Beruf, die den wachsenden Lerndruck des Erwerbslebens nicht gewachsen sind. Die meisten von ihnen sind ohne Schulabschluss, und haben viele Warteschleifen durchlaufen. Trotz dieser Überbrückungen ist der Einstieg ins Berufsleben gescheitert. Hat man vergessen, dass alle jungen Menschen eine gute Ausbildung brauchen, oder will man diese Unterschiede. Hauptschüler schätzen schon früh ihre Chancen, sich im Erwerbssystem zu etablieren, sehr pessimistisch ein. Man nimmt ihnen dort in der Hauptschule jegliche Hoffnung und den Eifer ein Ziel zu verfolgen. Sie fühlen sich sozial abgehängt und defizitär neben Gymnasiasten und Realschülern. Ihr ganzes Leben werden ihnen diese Unsicherheitsgefühle als schwere Last auf den Schultern liegen, so gebeugt und hoffnungslos. Dafür bekommen andere die Möglichkeit erfreut auf sie herab zu schauen.

Diese soziale Schieflage ist eine Herrschaftsfrage in unsere Gesellschaft. Die Verteilung der Erwerbsarbeit steht nicht im Vordergrund der Ökonomie, sondern die Profitmaximierung der Unternehmen für eine kleine Gruppe der Vermögenden.

Der zentrale Gegenstand der politischen Auseinandersetzung ist eben nicht nur die Ausplünderung der unteren Sozialschichten, sondern das Heranpirschen starker gesellschaftlicher Gruppen an üppige Tröge.

Eine wichtige Rolle spielt der technologische Wandel in der Arbeitswelt. Die rasante Produktivitätssteigerung der letzten Jahre wurde aber nicht für eine Verkürzung der Arbeitszeit genutzt, sondern um Erwerbsgruppen für einfache Tätigkeiten schnell aus dem Markt zu drücken. Statt sie gezielt auszubilden, konnten jedoch Inhaber von Bildungszertifikaten in Kernbelegschaften aufsteigen.

Man denke sich eine frühe Gesellschaft, die sich an einem Fluss niedergelassen hat. Da lassen die mächtigen Gruppen Wassermühlen bauen und baden im kristallklaren Wasser, doch die schwächeren dürfen sich einmal am Tag einen Kübel Wasser holen.

In engem Zusammenhang mit dem technischen Wandel steht die Personalpolitik großer globaler Unternehmen, die so gehandhabt wird, als ob Arbeiter selbst ein Produkt wären, das in kürzester Zeit profitabel und ausgetauscht wird. Die Herausbildung einer Randlage von Aussortierten wird dadurch beschleunigt. Doch Erwerbsarbeit für alle beginnt mit einer Verkürzung der Arbeitszeit im Rahmen der jährlichen Produktivitätssteigerung. Geben hierfür wohl die dann bedrohten Kernbelegschaften ihr Einverständnis?

Denn nur die, die aus der Anerkennungsmaschinerie der Berufsarbeit und des Konsums herausfallen, sollen die schrecklichen Wirkungen spüren.

Diese Ausgliederung aus dem Erwerbsprozess hätte man aufhalten können, wenn schon ab 1980 die Arbeitszeit sukzessiv mit dem technischen Fortschritt verringert worden wäre. Doch Arbeitgeber und Kernbelegschaften hatten die stärkere Position, sie drängten Schwächere aus dem Arbeitsleben mit furchterregenden Folgen. Eine ungeheure Masse von Menschen ist nun ohne Arbeit oder in prekären Beschäftigungsverhältnissen untergebracht worden. Die Solidarität zerbrach in diesem mörderischen Spiel um die besten Plätze im Berufsleben.

Auch die Politik ist in einer schwachen Position. Sie versorgt die Überzähligen zwar mit Brot und kargen Behausungen, aber die Herrschaftsverhältnisse kann sie nicht verbiegen.

Nicht nur aus dem gehobenen Arbeitsmarkt sind die Geschwächten ausgegliedert, auch gleichermaßen aus dem Heiratsmarkt und der Partnerbörse.

Soziale Netze als Sicherheitsnetze und Aufstiegsnetze sind zerrissen. Neue können nicht geknüpft werden, denn Seminare und erlesene betriebliche Weiterbildung sind nur für Leistungsgruppen vorgesehen, nicht für Faulenzer und Unwillige. Welche ertragreichen Maßnahmen werden den Abgedrängten von Sozialämtern zugewiesen?

Das Leben am unteren Saum einer wohlhabenden Gesellschaft macht einsam und bleibt weitgehend verborgen. Dieses Randleben ist eine soziale Figur unserer Wirtschaftsordnung, Bote eines Zerfalls. Es streut Angst in einige beunruhigte Gruppen, aber es bringt die Menschen noch nicht aus der Fassung. Gleichwohl, dieser Bote hat gewaltigen Einfluss auf das politische Klima. Er sorgt in vielen Bereichen des Arbeitslebens für Statusunsicherheit und Angst vor dem beruflichen und sozialen Absturz. Die Last auf die, die noch Arbeit haben wächst enorm. Diese Verwundbarkeit kriecht bis unter die wärmenden Decken der gesellschaftlichen Mitte.

Zudem entfacht diese zementierte Arbeitslosigkeit heftige Verteilungskämpfe um Arbeit, und um knapper werdende wohlfahrtsstaatlicher Mittel. Diese Mittel, eher Schweigegeld als Fürsorge, werden natürlich von den im Erwerbssystem Etablierten als ein moralisch zweifelhafter Kostenfaktor oder als Hemmschuh besserer wirtschaftliche Entwicklung thematisiert. Viele sehen den Genuss der Früchte des eigenen Aufstiegs durch die dauerhafte Ausschüttung von Sozialleistungen gefährdet.

Der schändliche Empfang von Sozialleistungen hat so ein Stigma von Unfähigkeit und Sorglosigkeit erhalten. Das Medienbewusstsein assoziiert es mit Schmarotzertum, Gleichgültigkeit und Alkoholkonsum. Der Staat könne sich so etwas nicht leisten, und es wird Selbstverantwortung von den Überflüssigen eingefordert.

Mit dem dauerhaften Herausfallen aus dem Arbeitsleben droht eine Schwächung des sozialen Zusammenhalts. Denn die Berufsarbeit stiftet Sinn, und verhilft zum stetigen Konsum, ohne dass die dahinter lauernde Macht sichtbar wird. Arbeit für alle bedeutet immer auch Kontrolle über Konsumstile. Aber die Nichtbeteiligten am Erwerbsleben nähren den Verdacht der Unordnung, des Unangepassten und des Parasitären. Die Eingliederung der Verweigerer in das gesellschaftliche Herrschaftsgefüge wird brüchig.

Die Frage ist nun, mit welchem politischen Kitt dieses baufällige Gefüge ausgefüllt werden soll. Die Zeichen der Politik deuten auf autoritäre bestrafende Maßnahmen.

Die jammernde Sozialfigur auf der Bühne der modernen Wirtschaft ist durchdrungen von Gefühlen der Aussichtslosigkeit, Neid und Sinnlosigkeit. Der Siegeszug der Konsumwelt marschiert an ihr vorbei. Das ist das subjektive Drama der Arbeitslosigkeit, denn Anerkennung, Status und Wohlstand sind heute nur denen versprochen, die Zugang zur Lohnarbeit haben. Hier wird die schonungslose Arbeitsmarktpolitik der Herren in feinen Anzügen deutlich. Sie bringen Beschäftigte gegen Arbeitslose in Anschlag, um von ihrer eigenen Machtfülle abzulenken. Die Arbeitsmarktteilhabe auch für die Ausgesonderten durch eine veränderte Verteilung der Arbeit darf es in dieser Gesellschaft nicht geben. Die Verachtung der Weggeworfenen muss die Angst der Besitzenden niederhalten, wenn es droht ins Nichts abzurutschen. Manchen würgt es schon beim Anblick der Jammernden. Wer möchte schon seine soziale Positionierung, die aufwändig erklommen wurde, für Faulenzer in Gefahr bringen.

Die Verschärfung sozialer Ungleichheit seit den 1980er Jahren ist auch in anderen westlichen Ländern beobachtet worden. Trotz der wohlfahrtsstaatlichen Segnungen in unserem Land, ist hier die Verteilung der Arbeit ein überragendes politisches Problem geblieben. Denn gerne werden konjunkturelle Schwankungen und die neue Technik für die Beschäftigungs- und Personalpolitik der Unternehmen als Ursache für die Langzeitarbeitslosigkeit verantwortlich gemacht. Es scheint plausibel, wie Massenarbeitslosigkeit entsteht. Das Medienbewusstsein schiebt die Aufmerksamkeit in eine vorgefertigte Richtung. So kann die Aussortierung auf dem Arbeitsmarkt sorgsam privatisiert werden.

Es gab schon immer einen von Dienstherren beherrschten Arbeitsmarkt, mit gewollten Ausgrenzungsmechanismen. Unser Bildungssystem leistet da gute Vorarbeit, denn es ist ein hervorragender Filter. Er trennt Personen die ein Zertifikat für einen gesicherten und qualifizierten Arbeitsplatz haben sollen, von denen, die kein Zertifikat benötigen, wenn sie später in ungesicherte Arbeitsverhältnisse abgedrängt werden sollen. Das ist ein schon lange etabliertes Merkmal des deutschen Beschulungssystems. Eine starke Mittelschicht konnte sich hierdurch bilden. Sie hat ihr Bildungssystem so strukturiert, dass Kinder aus schwachen Sozialschichten in dem Primarstufensieb zur Hauptschule herab fallen. Nach diesem Sturz haben viele Jugendliche keine Kraft mehr sich für begehrte Schulabschlüsse aufzurappeln. Sie rütteln heute an den Pforten der Aufgestiegenen. Wie kann man sie abweisen? Wir rufen laut: Ihr habt selbst Schuld! Den Rest übernimmt der Sozialstaat mit Alg. II. Und nun können wir uns wieder behaglich zur Seite drehen und ruhiger schlafen.

Die Mittelschicht kann so ihren Nachwuchs zu Globalisierungsgewinnern verhelfen, da sie über genügend kulturelle und soziale Mittel verfügen, die ihnen Zugehörigkeiten und Positionen sichern. Diejenigen aber, deren Mittelausstattung sehr gering ist, sind nicht mehr im Spiel. Diese unbrauchbare Gruppe ist noch nicht die Mehrheit in unserem Land, jedoch sie wächst unaufhaltsam.

Das Spähen in die soziale Sackgasse sollte aber dennoch zum Nachdenken anregen. Das herrschende Konzept der Aussonderung übernimmt zu unkritisch eine Perspektive, wo ein Mensch nur als Arbeitskraft und Konsument interessant ist, der, sobald der Verwertungsnutzen an ihm erloschen ist, ausgetauscht wird.

Was in den Türmen der Städte erwünscht sein mag, nämlich mehr Wettkampf, äußert sich auf der kleinen menschlichen Ebene verhängnisvoll, da die individuellen und sozialen Folgekosten ignoriert werden. Die Politik unterstellt nun aber gleichmütig den Ausgesonderten und Überflüssigen Pflichtvergessenheit. Eine unlustige Sozialtechnik wird eingemeindet, eine Eliminierung des Sozialen eingeläutet.

Dies sind keine Krisen der Arbeitsgesellschaft oder Wirkungen der Globalisierung. Das ist folgsame Politik, die sich mächtigen Kapitalinteressen fügt und wichtige Wählerschichten anlocken muss. Eine Neuverteilung der Erwerbsarbeit soll es nicht geben. Der größte Teil der überzähligen Arbeitsmenschen wird vielmehr über einen Maßnahmenpakets weiter an ein wackeliges Erwerbssystem gebunden und somit dürftig integriert, denn Arbeit auf dem gehobenen Markt ist nur einer bestimmten Schicht zugedacht. Dieses ist kein Arbeitsmarkt, es ist ein neoliberales Unterdrückungssystem.

Elftes Kapitel

Der virtuelle Reichtum

Ein großer Teil der Menschen in unserer Konsumgesellschaft leiden unter der Dauerarbeitslosigkeit. Millionen Menschen wollen mehr konsumieren, finden jedoch keine bezahlte Arbeit, womit ihre kleinen Wünsche gestillt werden könnten. Ihr Arbeitsangebot wird eben nicht nachgefragt. Es ist eine millionenfache Leistungsvergeudung in unserer Volkswirtschaft. Warum lassen nun Unternehmer diese riesige Reserve ungenutzt herumliegen? Es ist ein Teil der Programme zur Profitorientierung. Es gehört zum globalen Konkurrenzkampf der Konzerne. Deshalb nehmen sie viele Millionen unfreiwillige Nutzlose in Kauf, mit aller damit verbundenen Verachtung und Entwürdigung? Arbeitslose spüren diesen verachtenden Blick, der ihnen oft offen oder heimlich folgt, da sie als Wertlose abgestempelt sind.

In unserer kranken Wirtschaft, in der gigantische Konzerne den Ton angeben, ist massenhaft unbefriedigter Bedarf, und zwar sowohl im privaten wie im öffentlichen Bereich. Doch die Konzerne haben nun Knebelinstrumente zur Ausbeutung der Arbeitnehmer im Programm. Für Aufstocker und Leiharbeiter geringen Lohn zahlen ist fruchtbar für Unternehmer. Ob da wohl eine kleine Sehnsucht nach einem Häuschen schlummert? Doch sie sollen ihren Gürtel gefälligst enger schnallen, hört man von den Habenden.

Wir kennen alle die Armut kinderreicher Familien in bestimmten Stadtteilen und die blanke Ungerechtigkeit, die diesen Kindern im Schulalltag begegnet. Gerechtigkeit kann sich unsere Gesellschaft in diesen Bereichen nicht leisten. Dafür fehlen ihr anscheinend die Mittel. Unsere Volkswirtschaft zeigt sich hier arm, und zusätzlich drücken noch die Rüstungsausgaben. Manche Volkswirte und Politikberater tönen sogar, wir lebten über unsere Verhältnisse. Das mag für einige wenige gesellschaftliche Gruppen schon zutreffen. Wer muss denn nun seinen Gürtel enger schnallen, um die Wirtschaft wieder flott zu machen? Denn in Wahrheit könnte unsere Wirtschaft mehr Konsum von unteren Schichten gebrauchen. Leistungsreserven von über 3 Millionen Arbeitslose warten auf ihren Einsatz. Doch für die gibt es ja Discounter und klapprige Autos.

Es fehlt offenbar an dem volkswirtschaftlichen Grundwissen, das vernünftige Löhne für die Binnenkonjunktur heilsam sind. Die Wirtschaft krankt, weil die Nachfrage nach Produkten durch zu geringes Einkommen nicht ausreicht um den Kreislauf zu stabilisieren. Der Austausch stockt. Es bremst den der Strom der volkswirtschaftlichen Zirkulation. Unternehmen müssen ihre Produkte zwangsläufig mit einem riesigen Investitionsaufwand im Ausland anpreisen. Über die Investitionen freuen sich die Kapitalgeber. Aber nicht bei allen volkswirtschaftlichen Flüssen ist die Strömung zurückgegangen. Denn es gibt Geldflüsse, die schneller geworden sind als die Löhne, schneller als die Preise und schneller als die Arbeitslosenzahlen. Man hat also einen langfristigen Vorreiter für das Ansteigen der Leiharbeit, für das Ansteigen der Arbeitslosigkeit und für den Anstieg der befristeten Arbeitsverhältnisse.

Die schwächliche Wirtschaft leidet auch, weil die Kapitaleinkünfte der oberen Gesellschaftsschicht über Jahre hinweg beharrlich gestiegen sind, doch aus dem produktiven Kreislauf heraus geleitet wurden. Die Investitionen fielen zurück, und die überschüssigen Geldhaufen speisten die internationalen Finanzmärkte. Diese Flüsse signalisieren, dass riesige virtuelle Geldströme um die Welt kreisen, aber eben nicht produktiv sind. Während die Lohneinkünfte eher stagnieren, tut sich etwas im Bankenreich: nämlich dort, wo Zinsen gezahlt werden. Ein Jahr der Krisen und Konkurse ist zugleich ein gutes Jahr für Banken und Zinserträge. Wo Zinsen fließen, da ist Geld von Verleihern zu Schuldnern verschoben worden, und die Zinsen sind die Kosten dieser Transaktion auf Zeit. Wo viele Zinsen gezahlt werden, dort wird viel Geld ausgeliehen. Wo viel Geld ausgeliehen wird, dort ist Geld in großen Schatullen von solchen Wirtschaftssubjekten, die satt sind und keinen echten Bedarf mehr haben.

Steigen in einer Volkswirtschaft die Geldströme stark an, so signalisiert das eben, dass sich überquellende Geldmassen dort angesammelt haben, wo weder ein eigener Bedarf an Verbrauchsgüter, die sie schon in Fülle vorhanden sind, noch ein eigener Bedarf an Investitionsgütern besteht. Genau das ist bei uns der Fall. Geld wird einfach bedürfnislos auf Paletten hin und her geschoben.

Hört sich alles sehr polemisch an. Aber, die Massenarbeitslosigkeit und die Profitflüsse in die Schatullen der Reichen stehen in einem eigenartigen Zusammenhang. Als wenn eine unsichtbare Macht verhindert, dass sich dieser ändert. Ein Kalkül geht tanzen: zuerst das Herabdrücken der Löhne und Lebensweise der Arbeiterklasse unter den Stand der eigene Klasse, dann das Einspringen der sorgenden Großorganisation Staat für den zurückgehenden Konsum um eine Aufruhr der Armen zu vermeiden, und endlich die ersehnten Zinsflüsse für die Schuldenaufnahme des Staates in die eigene Tasche. Zinseinnahmen sind eine sichere Bank für die begüterte Schicht, und sie werden in Zukunft weiter steigen.

Scheinwerfer an!

Den Arbeitslosen und Leiharbeiter fehlt es permanent an Geld, um ihren kargen Konsumbedarf zu stillen. Dem Staat fehlt es an Geld, da er die entstehenden Konsumlücken ausgleichen muss. Auch Subventionen für die Unternehmer soll er nicht antasten. Den Unternehmen fehlt es an Geld, um ihr Eigenkapital aufzustocken. Dem Bedarf fehlt einfach das Geld, ohne das er zur wirksamen Nachfrage werden kann. Der Bedarf kommt nur an Geld, wenn er sich es leiht. Denn das Geld ist dort, wo es sich schnell vermehren soll, nicht dort wo Bedarf besteht. Es liegt in Tresoren, nicht für die Nachfrage nach Waren, Diensten oder Investitionsgütern, sondern es soll sich stetig vermehren. Dieses Geld ohne Bedarf verhilft also nur dem Begehren nach noch mehr Geld. Staatspapiere von einigen Ländern sind da eine vorzügliche Anlage, denn sie verdoppeln alle 20 Jahre den Inhalt der Schatullen. Die Kellergewölbe der großen Banken müssen ständig vergrößert werden, man gräbt und buddelt, sogar bis in Nachbarstaaten. Die Profitströme schwellen ständig an, nur wohin mit der unbändigen Flut. Doch manchmal werden Reiche von den Fluten überschwemmt.

Unvermeidlich trocknen andere Geldflüsse aus. Befinden sich nämlich Gelder nicht in den Kassen der Konsumenten, also nicht in den Taschen der ärmeren Klassen die Güter kaufen wollen, und auch nicht in den Kassen der Unternehmer, die investieren wollen, sondern in den großen Tresoren von Vermögensbesitzer, die schon alles im Überfluss haben, dann müssen diese Gelder in riskante Anlagen wechseln und Beute machen. In unserer Volkswirtschaft fließt Kapital in die falsche Richtung, und sie muss auf Pump leben. Der wirtschaftliche Verkehr kommt ins stottern. Unternehmer versuchen nun mit Rationalisierungen ihre Kosten zu senken, vor allem im Personalbereich. Arbeitnehmer schiebt man zuerst ins Abseits, und nur die Leiharbeit gedeiht; vor allem bei kurzen Konjunkturaufschwüngen. Die Konsumnachfrage wächst nicht wie versprochen. Die Werbeindustrie mit einem Volumen von jährlich vielen Milliarden Euro läuft auf vollen Touren.

Unsere Marktwirtschaft ist so aufgebaut, dass aus dem Wirtschaftskreislauf automatisch riesige Geldhaufen abgezogen werden und in Kassen gelagert werden, wo sie nicht auf Bedarf treffen. Die Kosten für die Rückholung in den Kreislauf sind gewaltig. Sie fallen in Form von Zinsen an und erhöhen die Ungerechtigkeit, da sie diejenigen belasten, die ihren kargen Lohn verkonsumieren müssen. Es ist eine gut durchdachte Subventionierung der Wohlhabenden durch die Schaffenden. Eine solche ständige Subventionierung der Vermögenden durch die Masse der Kleinkonsumenten ist nicht nur ungerecht, sondern erst recht volkswirtschaftlich unsinnig. Dieses Einkommen aus Zinsen, Einkommen ohne Leistung, hat die Tendenz sich zu vermehren wie Krebszellen, die das gesunde Gewebe schädigen und am Ende zerstören. Die Finanzjongleure nähren sich an diesem Gewebe wie an Honig.

Wie wird sich nun der Beschäftigungsbereich in unserer Wirtschaft in diesem virulenten Umfeld entwickeln? Arbeitgeber bereinigen beständig ihren Personalbestand. Nicht nur die Lohnkosten sinken dadurch, auch die Menschen ist man endlich los. Arbeitswillige können nicht mehr durch Arbeit ihren Lebensunterhalt verdienen. Der sorgende Staat muss einspringen, um Unruhen zu verhindern und um den Nachfragerückgang aufzufangen. Millionen Leiharbeiter sind die neue Reservearmee. In baldiger Zukunft gibt es in den unteren Sozialschichten nur noch Teilzeitbeschäftigte, Leiharbeiter, Arbeitslose und Bürgerarbeiter. Bürgerarbeit als verziertes Hüllwort für Hartz IV-Empfänger. Es kaschiert vorzüglich den von der Politik gut vorbereiteten Weg in die kalten Randgebiete unserer Gesellschaft. Es hilft den Arbeitgebern ihre Säuberung vom unwerten Arbeitspersonal in den Produktionsräumen weiter zu beschleunigen. Diese prekären Verhältnisse befallen langsam kriechend die noch gesunden Schichten. Dabei rückt der Bürger, als ursprünglicher Auftraggeber der Wirtschaft immer mehr an den Rand. An seiner Stelle wird nun der Staat zunehmend zum Auftraggeber, auch weil es für Topmanager einfacher ist, zwei Dutzend Politiker zu Milliarden Ausgaben zu bewegen, als Millionen Bürger nochmals zu einer zusätzlichen Konsumsteigerung. Die Profittöpfe schwellen weiter, wohin nur mit dem Geld!

Doch die Angst der Bürger vor dem Absturz, die Angst vor Komfortschäden, die Angst in die Bedeutungslosigkeit abzurutschen lässt sie alle in eine Richtung laufen. Panikartig werden andere, ohne hinzusehen, zur Seite gedrängt.

Mit welchen Programmen sind ganze Gehirnareale der Bürger in der Mitte unserer Gesellschaft überspielt worden? Die innere Landnahme ist gut organisiert. Welche Subjekte werden in diesem wirtschaftlichen Umfeld produziert?

In der gegenwärtigen politischen Lage müssen wir uns darüber klar werden, auf welche Weise Staatsverschuldung als Instrument für die private Geldschwemme dient. Nun hat die Verbindung von Politik und Finanzkapital in den letzten Jahren eine massive auf gegenseitige Nützlichkeit beruhende Annäherung erfahren. Was zaubern die Finanzjongleure heute davon, da man ihnen die Zügel abgestreift hat. Es wird sich für die Kapitalisten eine gute Lösung finden, womit der Rest der arbeitenden Menschen aufs Kreuz gelegt werden kann. Kopfzerbrechen würde den Akteuren nur eines bereiten: wenn wir beginnen Kaufhäuser zu meiden. Solange das nicht eintritt, und wir weiter kaufen und wegwerfen, werden sie weiter alles auf ihre Kapitalinteressen zuschneiden.

Zwei wichtige Maßnahmen könnte die Geldelite zum grübeln anleiten: kritische Bürger nehmen die programmierte Pflicht eines eifrigen Konsumenten nicht mehr wahr und zweitens eine Abschöpfung der Geldhalden durch staatliche Steuern. Doch schon karren sie ihre Geldhaufen mit wenigen Mausklicken in Millisekunden automatisch in andere Kontinente. Es ist der Honig für findige Geldjongleure, die über den Wolken zwischen Frankfurt und New York fliegen. Sie fliegen hoch über die sich ausdehnenden Armenviertel.

Zwölftes Kapitel

Das Disziplinierungsregime

Es muss die Frage verfolgt werden, was die Existenz der Wertlosen, jenes sozialen Abfalls, den die globale Wirtschaft als Nebenerzeugnis im Arbeitsmarkt beständig herstellt, jene als faul und nutzlos abgestempelten Menschen für den Zusammenhalt der fügsamen Marktmenschen bedeutet. Die mediale Verfolgung und politische Gegenüberstellung von Leistungswilligen und Hartz IV-Empfängern löst Angst vor der eigener Talfahrt aus, und erzeugt somit die Willigkeit der Gefolgsleute, wovon Arbeitgeber heimlich träumen. Man muss hinzufügen: Je zerstörter der soziale Zusammenhalt der isolierten Konsumenten, Eigenheimbesitzer und Berufsmenschen ist, und je weniger es wirkliche Zusammengehörigkeit in unserer Gesellschaft gibt, desto dringender bedarf sie Sündenböcke, die aus einer gemeinsamer Empörung über die Faulheit der Arbeitslosen auf die Bühne gestellt werden.

Das die Perspektivlosigkeit der Langzeitarbeitslosen und der Leiharbeiter durch die Personal- und Lohnpolitik mächtiger Konzerne vorangetrieben wird, ist im allgemeinen Bühnenbild nicht zu erkennen. Konzerne haben den Niedriglohnsektor für ihre Randbelegschaften eröffnet, um die internationalen Märkte zu erobern. In diesem Eroberungskampf sind fallende Lohnkosten selbstverständlich. Die Randbeschäftigten zwingt man ohne Skrupel ins Elend, denn der Staat lindert ja die herbeigeführte Armut. Der Arbeitsmarkt besteht sowieso nur für qualifizierte Arbeitsnachfrager. Für Arbeitslose in den Warteschlangen der Agenturen besteht kein Markt, sie müssen sich den Arbeitgebern und kargen Löhnen fügen, um nicht als Gescheiterte abgestempelt zu werden. Es ist der bürgerlichen Bewusstseinspflege dank einer einseitigen Etikettierungspraxis und mit Hilfe der Massenmedien gelungen, ein Arbeitslosenbild zu malen und im Denken der Masse zu verankern, das dem einfachen und ärmlichen Faulpelz täuschend ähnlich sieht. Dieses gelungene Bild und die damit verbundenen Ängste geben, kräftig gefördert durch Auftritte der Politiker, einen immer wichtigeren Zement für das ideologische Rechtfertigungsgebäude der neoliberaler Lohnpolitik ab.

Die Arbeitslosen werden so mit ihrer hergestellten Wertlosigkeit zur negativen Identität und zum gefürchteten Schatten der Lohnabhängigenexistenz. Denn gerade diejenigen, die sich nur noch mühevoll im Lohnarbeitsleben halten können und die durch Ratenverschuldung und Sorge um ihren Arbeitsplatz beständig am Rande des Absturzes und der sozialen Ausgrenzung stehen, haben es zwingend nötig, sich am heftigsten über den Müßiggang Anderer zu erzürnen. Die Hoffnung auf neue Arbeitsplätze, die eifrig von der Politik als Köder in scheinbar greifbarer Nähe gehängt wird, und das Ringen um soziale Anerkennung vermag sich nicht in einen offenen und gemeinschaftlichen Kampf zu wandeln, sondern klammert die Verängstigten nur noch krampfhafter und verbissener an die privaten kleinbürgerlichen Konsumformen.

In diesem Thesenbrei der neoliberalen Wirtschaftsmanager sind Arbeitslose nur kleine Sandkörner, die das wirtschaftliche Getriebe stören. Bei einer konjunkturell bedingten Unterauslastung der Wirtschaft mögen Arbeitssuchende bitte alle Arbeiten annehmen. Wenn das Lohnniveau im Niedriglohnsektor generell zu hoch ist, sodass Arbeitsplätze für einfache Arbeit unrentabel werden, sollte der Staat die Lohnkosten übernehmen. Die strukturelle Arbeitslosigkeit aufgrund von Qualifikationsmängel der Arbeitsuchenden soll mit Bildungsanreize in den Hauptschulen beseitigt werden!

Da steht er nun, der arme Tropf, ohnmächtig in den langen Schlangen. Keine Silbe über Arbeitszeitverkürzung bei Gutverdienenden; kein Wort über die Marktmacht der Arbeitgeber. Nicht einen Satz über die Herrschaftsverhältnisse im Arbeitsmarkt und herkunftsbedingte Aufenthalte im Hochlohnsektor. In einer Exportnation spielt nun mal die Lohnpolitik für Unternehmen eine Schlüsselrolle, ohne Rücksicht auf den Binnenmarkt. Natürlich hat sie im oberen Lohnbereich auch eine Köderfunktion. Die Gewerkschaften sind für eine marktgerechte Lohnpolitik gewonnen. Wachstumspropheten und Globelplayer beeinflussen zerstörerisch mit ihrer Machtfülle alle sozialen Systeme unserer Gesellschaft.

Wir teilen uns selbst ein in für die Wirtschaft ungebildete Wertlose, und in wertvolle Menschen, die in der Wirtschaft erfolgreich sind. Oh dort: hängende Schultern, Zigarettenrauch, den leeren Blick nach unten, es klickt in unseren Zellen, ein fauler Arbeitsloser. Ah hier: hohe Stirn, dunkler Anzug mit Seidenkrawatte, gereinigter Mittelklassewagen, es blitzt im Gehirn, ein erfolgreicher gern gesehener Herr, zu ihm möchte ich mich zählen. Diese Wahrnehmung wird auch in den Nachwuchs transportiert. Im Schulsystem eignen sich daraufhin Jugendliche Wissen an, mit dem Kalkül es später in Geld umzuwandeln. Die Boten der Wirtschaft winken den Sprösslingen entgegen. Diese Zweiteilung der Gesellschaft ist in unseren Hirnen eingebrannt. Da hängen sie zappelnd im Sieb: Gymnasium = wertvoll oder Hauptschule = wertlos.

Alles dies wird begründet mit dem Selbstlauf wirtschaftlicher Sachzwänge. Dabei spüren viele Menschen, dass dieser schöne Fortschritt nicht mehr mit Hoffnungen verbunden ist. Es geht nun um die Frage, wie man den Blick von dem versteinernden Antlitz dieser wirtschaftlichen Vernunft, dieser Betongestalt, freibekommen kann für die Suche nach nicht lebensfeindlichen Alternativen. Die heutigen Götzen heißen: Technik und Wirtschaftswissenschaft, Wachstum und Profit, Leistung und Erfolg, und als heiligstes Paar im Götterhimmel, Bilanzen und Geschäftsberichte. Wann halten die Vorstände in den Konzernen inne? Vielleicht wenn sie mit einem Burnout-Syndrom in ihrer Privatklinik weilen, wo sie düster spüren, dass ihre Lebenslüge ausgebrannt ist.

Noch ist die Meinung vorherrschend, dass Lohnerhöhungen für die Masse der Arbeitenden weniger Gewinne für Unternehmer schaffen. Dieses allgemeine Gesetz gilt allerdings nicht für Hochlöhne. Auch die Kürzung der finanziellen Stütze an Arbeitslose erhöht die Aufnahme von einfacher Arbeit, und drückt die Lohnkosten der Unternehmen. Bei hohem Einkommen allerdings ist dieser Zwang unnötig, denn man greift doch gerne zu. Präziser und unverhüllter kann kein Bühnenstück die Abhängigkeit einer ganzen Gesellschaft von einer kleinen Schicht der Besitzenden und die Funktion der Politik in ihr schwerlich darstellen.

Die beim Jobwettbewerb erfolgende Verdrängungsgefahr von oben nach unten können modellhaft mit dem Bild von unendlichen Warteschlangen im Markt verglichen werden. Die Arbeitslosen formen eine Schlange, wobei die relative Position eines Arbeitssuchenden durch solche Merkmale bestimmt wird, die von den Unternehmen als wichtiges Auswahlkriterium verwendet werden. Solche Merkmale sind Alter, Hautfarbe, Geschlecht und Bildungszertifikate. Nur die Arbeitslosen mit nützlichen Kennzeichen haben positive Aussichten und reihen sich im Schlangenkopf ein. Diejenigen, die am Ende der Schlange stehen, bleiben auch bei Konjunkturaufhellungen für immer arbeitslos. Irgendwann wird der Staat sie in seine Arme nehmen, oder sie können in der Pflegeindustrie unterkommen. Arbeitssuchende mit guten herkunftsbedingten Merkmalen befinden sich eben automatisch auf den wertvolleren Positionen. Früher waren die Menschen, die sich in der Mitte der Schlange aufhielten, die industrielle Reservearmee. Heute braucht die vollautomatisierte Restindustrie keine Reservestreitkräfte mehr, und das Stehen in der Schlange ist hoffnungsloser geworden. Außerdem schiebt die Mittelschicht ihren Nachwuchs immer machtvoller auf die beliebtesten Plätze. Große Körperteile der Warteschlange sind vertrocknet und abgefallen. Die Bundesagentur für Arbeit mit ihren über 60000 Beschäftigten vertuscht mit riesigen Förderprogrammen das langsame Absterben der eigenen Äste. Fördern für sich langsam auflösende Arbeitsplätze prägt das Bild der Maßnahmen. Jobbörse ist das neue schöne Wort, dort wird nicht mit Wertpapieren gehandelt, sondern mit Menschen. Für einen kurzen Moment flackert ein Hoffnungsschimmer auf, dann spüren sie den Aufprall am Boden, der Wettkampf ist verloren. Andere haben den Platz schon eingenommen.

An Monatsenden ist dann Gedränge in den Konsumhallen, denn es gibt staatliche Stütze für Kleinrentner und Arbeitslose. Die übersatten Habenden sind hier nicht anzutreffen. Hier schielen Hungrige auf Preise in den unteren Regalen. Die wertvollen Menschen haben eigene Konsumgewohnheiten. Die Wertlosen müssen sich eben im Niedrigpreisbezirk einleben. In diesem Gesellschaftsstück erkennen wir, dass Arbeitslosigkeit die Grundlage für den Unterwerfungsprozess der unteren Sozialschichten sein soll. Wir müssen jedoch bedenken, dass solch ein Ungemach nicht alle Fragen nach der Ursächlichkeit von Jobverdrängungskämpfe, Deklassierung und Verarmung mit mehr oder weniger pauschalen Hinweisen auf Wirtschaftskrisen und Machtkartelle der Konzerne beantworten. Es müssen auch die Machtverhältnisse zwischen den sozialen Schichten und gesellschaftlichen Gruppierungen eingeblendet werden. Denn die wichtigen Schichten hocken noch frohgemut auf den gebeugten Rücken der unteren Schichten. Dieses Hocken wird gerne als Marktgesetze umgedeutet, um schlicht abzulenken. Welch ein alles infizierender Bazillus hat sich da in das Denken der sozialen Wesen eingenistet, der verhindert, dass Arbeitsbesitzer und Arbeitslose gemeinsam gegen die Ausbeutung und Unterdrückung der Kapitalbesitzer kämpfen? Sind es die fein lackierten Prothesen, die das ängstliche Selbst aufrichten müssen?

Dreizehntes Kapitel

Die Denkschranken der Programmierten

Bei Wahrnehmungen des menschlichen Verhaltens in den Marktsphären Bildung und Arbeit mit ihren oft dramatischen Folgeproblemen wird das Bestehen der Konkurrenz zwischen den Menschen schon immer beständig mitgedacht oder sogar vorausgesetzt. Denn nur durch den gnadenlosen Zwang zu Konkurrenzbeziehungen - bei Strafe des sozialen Untergangs - setzen sich die Merkmale der Bildungs- und Arbeitsbesitzer überhaupt als schematisches Verhalten in den einzelnen Menschen fest. Ohne die Konkurrenz kann man ihr antrainierten Verhalten im wirtschaftlichen Alltag sehr wenig verstehen.

Dabei ist Konkurrenz zunächst keine natürliche Einstellung, oder ein unmoralischer Verhaltensstil, den man einfach abändern könnte, sondern ein zwingendes Programm unserer heiligen Konsumwirtschaft. So hängt die ständige Verschärfung der Gegnerschaft durch Arbeitslosigkeit mit gewaltsam sich durchsetzenden Konzernstrategien auf den Weltmärkten zusammen, die von der Politik mitgestaltet werden. Insofern kann man den Einzelnen nicht verantwortlich für diese Verhältnisse machen, denn es herrschen objektive Verhaltenszwänge. Obwohl diese Zwänge sich also durch eine unpersönliche Sache entwickeln, schlagen sie sich in der Psyche und im Verhalten der Menschen nieder. Die Individuen sind gezwungen, wenn sie aufeinander stoßen, den jeweils anderen zu schädigen, so dass einer auf der Wegstrecke liegen bleibt.

Die größere Konsumleistung eines anderen Menschen ist keineswegs etwas wohltuendes, über das ich mich freuen könnte, weil es mir im gesellschaftlichen Rahmen auch zugute kommt, sondern primär etwas, das bei mir selbst Versagensangst, und die Angst unvollständig zu sein, hervorruft. Nehme ich die Fähigkeiten der Anderen wahr, lösen sie bei mir einen Impuls aus. Es beherrscht mich ein Interesse an der Abdrängung derer, die ein höheres Ansehen genießen. Manchmal gesellt sich bei der Abdrängung des Anderen auch dazu etwas Freude an seinen Leiden. Diese heimliche Freude hat ein zusätzliches Beruhigungssignal, und es gibt mir das Gefühl eigener Kräfte. Diese Konkurrenzgebaren übertragen sich schleichend auf alle Sozialbeziehungen, nisten sich in die Seelen und in das Alltagsbewusstsein ein. So fördert unsere Ökonomie die Entwicklung eines Menschen, der das Gefühl, selbst ein bereichertes Leben führen zu können, nur dann hat, wenn er den Befehl seiner Perfektionierung nachkommt. Bei einer verschlechterten Arbeitsmarktlage kann man es bei Bewerbungsauftritten in vielfältig verfeinerten Formen beobachten.

Die Kolonisierung des menschlichen Verhaltens durch die Wirtschaft, welche die aggressiven Teile im Handeln zur unerträglichen Verselbstständigung treiben, wird im Alltagsbewusstsein verschleiert, und ist weitgehend für das bürgerliche Denken sehr kennzeichnend. Wer am härtesten ist, und seine Einzigartigkeit und Leistungskraft auf Kosten der Anderen am deutlichsten beweist, ist der Erfolgreichste. Die dekorativen Randfiguren bei diesem Auftritt, wie Maßanzug, Handtasche oder Mittelklassegefährt, sind dann die beachtlichen Symbole der Position. Diese Symbole sollen auch die persönliche Hinterbühne des Auftretenden verdecken, um die Schwächen und Ängste zu verstecken.

Einfache Symbole bevölkern ganze Kauflandschaften und Werbespots im Fernsehen. Oft sind es auch unsinnige und unnütze Produkte, die als feine Instrumente angeboten werden, doch es sind eher Zeichen der Illusion oder Langeweile.

Viele Erwachsene tendieren durch bescheidene Aufstiegsverheißungen dazu, sich gegenüber den prekär beschäftigten Arbeitenden als etwas Besseres zu fühlen und beziehen ihr brüchiges

Selbstbewusstsein aus dem Festhalten an bürgerlich-reinliche Formen des Zusammenlebens. Da drehen sich täglich viele Millionen Waschmaschinen mit einem neuen Waschmittel, wundersame Staubsauger stöhnen und Abermillionen Autoräder rollen abends zu Restaurants. Dieser zur Schau getragene symbolische Konsum ist eher etwas Fassadenartiges, der artig zu beschaffen ist. Diese Fassade wird über Medien und Familie als etwas Selbstverständliches in unser Alltagsbewusstseins eingewoben.

Das Verhältnis der Menschen zum Erwerbsleben wird durch die drohende oder wirklich erfahrene Arbeitslosigkeit entscheidend mitgeprägt. Dass die Angst vor dem Verlust des eigenen Arbeitsbesitzes in verborgenen Formen auch bei Angestellten, die äußerlich gesichert scheinen, weit verbreitet ist, wird in vielen Therapien entschlüsselt. Diese Angst ist nämlich ein unausbleiblicher Begleiter unserer Wirtschaftsordnung. Sie ist gleichzeitig für die Unternehmen noch die zuverlässigste Quelle zur Beschaffung von Arbeitsmotivation. Bekanntlich sinken Krankenstände in Zeiten größerer Unsicherheit ganz erheblich. Auch wird die Forderung nach mehr Lohn oder Demokratisierung am Arbeitsplatz sofort stark ein gedämmt wird, mit dem wissenschaftlichen Hinweis darauf, dass eine Schmälerung der Profite unweigerlich in der scharfen Weltmarktkonkurrenz die Arbeitsplätze gefährden würde. Diese erzeugte pure Angst ist das strengste und zugleich unpersönliche Zuchtmittel, das die Eingliederung der Menschen in unser Gesellschaftssystem sichert. Wie wirkt sich nun die Furcht oder der tatsächliche Hereinbruch der gefürchteten Arbeitslosigkeit auf die zwischenmenschlichen Erfahrungen und auf betroffene Familien aus? Welche Wirkungen werden an Kinder ungewollt und unbewusst weitergereicht?

Der Schlag ins Gesicht, der durch Arbeitslosigkeit verspürt wird, bedeutet, wer nicht arbeitet, soll verschämt zu Boden blicken. Dieser Blick zu Boden, diese Schamreaktion, wird von Menschen mit gesichertem Einkommen und ihrer Leistungsideologie hervorgerufen, weil sie auf die Verlierer herabblicken. Die Gewinner, die noch im Spiel sind, lassen dann auch schreiben: Die Nichtarbeiter sollen ihren Gürtel enger schnallen und nicht unseren Staat ausplündern. Das gute Gehalt der Leistungsbürger, dessen Anhäufung zum Zwecke des verbesserten Konsums im privaten Haushalt, diese Verlockung, dient als Abwehr gegen die Hoffnungslosigkeit bei drohender Arbeitslosigkeit. Diese beständige Drohung zeigt besonders deutlich, was die gleichgültige und verselbstständigte Ökonomie aus den Menschen macht. Man kann aus guten Gründen dieses Handeln als hilflos bezeichnen. Denn dieses Hundeleben der Einen und das jämmerlich Feine der Anderen sind nicht zukunftsfähig. Wann wird die Axt an diese ausschlagenden Wurzeln gelegt, und in veränderndes Handeln umgemünzt?

Sind da in den verödeten Schlafstätten der Wohnsilos an den Rändern der Städte oder in den bürgerlichen Stadthäusern der Wohnviertel an Südhängen noch Aufschreie möglich?

Viele Familien schrumpfen zur bloßen Fernsehkonsumstätte und Auftankstation, sie stehen als Gegenpol nicht mehr zur Verfügung. Besonders in den Großstädten schwinden sie langsam wie ein dahin siechender Fluss. Die dadurch Zurückgeworfenen auf scheinbar ganz individuelle einsame seelische Problemlagen verlieren die Kraft für solidarisches Handeln. Dieses ist auch eine Bedingung dafür, dass Partnertrennungen, wenn man sich also gegenseitig konsumiert hat, so erfolgreich und einseitig psychologisiert werden können, statt sie vor dem Hintergrund der herrschenden Ökonomie zu beleuchten.

Statt Aufschreie gibt es nun aber reichliche Ersatzgegenstände. Unsere Konsumgesellschaft mit ihren wirtschaftlichen Zwängen zur ständigen Marktausweitung hat auch für die Masse der Bevölkerung wunderschöne Dinge geschaffen, die früher kaum zu erahnen waren. Die kurzfristigen Konsumgüter - Kosmetika, Handys, Kleidung und Handtaschen - sollen zerstreuen und das Selbstvertrauen kitten. Diese ablenkenden Gegenstände erhöhen allerdings auch die Müllberge, doch es entsteht schon eine neue Entsorgungsindustrie. Ein anderer beliebter Versuch zur Wiedererreichung eines bedeutsamen Sinns, welcher eine eigene Richtung geben soll, ist zum Beispiel das rapide Umsichgreifen der Haustierhaltung. Ein künstlich hergestellter Raum von Ersatzstücken einer Natur in Gestalt von aufwendigen Tieren, Gärten und großen Topfpflanzen sollen gleichsam als Trost für das leidende Selbst fungieren. Das halb Zerbrochene kann da vorübergehend geklebt werden. Neben diesen kleinen Ersatzgegenständen gibt es auch wunderbare üppige. Es ist jedem absolut freigestellt, ob er sich vorrangig für Hunde, Autos, Kinder, Segelboote, gutes Essen oder Fluchtreisen in den Süden interessiert. Diese Suchbewegungen zum schmückenden Konsum zielen auf eine beruhigende Übereinstimmung mit dem vorgefertigten Meinungsbild, um Zustimmung bei anderen zu erhaschen oder das Gewissen zu besänftigen. Regte sich da etwa Reue oder hörte man kurze Schreie aus den großen Dienstwagen, die am Abstellgleis eines Arbeitsamtes vorbeifuhren?

Die Menschen auf den Abstellgleisen der Arbeitsbeschaffungsmaßnahmen müssen eine strenge Enttäuschungsfestigkeit einüben.

Diese Gleise als Nebenprodukt unserer Wirtschaftsordnung sind nicht nur Reibungsverluste, sondern haben auch etwas Nützliches in sich. Eine Thematisierung in der öffentlichen Meinung verscheucht die Angst vor eigenem Statusverlust, und schweißt Arbeitsbesitzer in einem Kollektivbewusstsein zusammen. Denn je fragwürdiger, mittelbarer und gebrochener der soziale Zusammenhalt der isolierten Besitzer ist, je dringender benötigen sie eine Scheinsolidarität, die sich aus einer gemeinsamen Empörung über das bequeme und untätige Verhalten der Arbeitslosen herleitet. Diese gemeinschaftliche Empörung über das Verhalten und bei seiner aufmerksamen Verfolgung in den Medien sind unbewusste Interessen mit im Spiel, die auf eine Erhaltung des Status quo hinauslaufen: auf eine Verfestigung des jeweiligen brüchigen Kompromisses, den man selbst mit den Normen und der eigenen Wut eingehen musste.

Wenn man es in dieser nach Gewinn strebenden Gesellschaft zu etwas bringen will, oder auch nur ein kleiner anerkannter Konsument sein möchte, dann muss man schon einiges können: Erstens muss man die unterschiedlichen Gebote der Zwischenmenschlichkeit zwischen den Lebensbereichen des Arbeitsmarktes, des Konsums und des Privaten sauber auseinander halten können. Man muss zweitens in der Lage sein, die wirtschaftlichen Seiten des Alltags und die sozialen Verpflichtungen unter einen Hut zu bringen, damit es gelingt ohne Orientierungsverluste, Verwechslungen oder lähmende moralische Skrupel durch die Klippen der widersprüchlichen Rollenanforderung hindurchzumarschieren. Wer Mitmenschlichkeit in sein Marktverhalten mit hineinschleppt, weil er nicht gelernt hat, sich ihrer rechtzeitig zu entledigen, der dürfte in kürzester Zeit den Überlistungsstrategien seiner unmittelbaren Konkurrenten auf dem Arbeitsmarkt zum Opfer fallen. Wer etwas Wertvolles geworden ist, eine vortreffliche Fähigkeit zum sozialen Auftritt hat, kann aber ebenso gut Leute als Konkurrenten in einer besonders erfolgreichen Weise wirtschaftlich in den Abgrund schieben. Für die Ausgebooteten ist dann der anonyme Sozialstaat zuständig. Dieses programmierte und gummiartige Verhalten, das auch an den Nachwuchs weitergegeben wird, ist aber gefährlich, weil es die ökonomisch bedingte Gleichgültigkeit, Flexibilität und Perfektionierung im Zwischenmenschlichen unhinterfragt unterstützt und vorantreibt. Es entsteht ein stummer Zwang zum weiter so, untermauert von einer Drohung des schwebenden Schwertes Arbeitsverlust und Ansehensverlust.

Auf diese unwürdigen Formen des menschlichen Zusammenlebens im kapitalistischen Erwachsenenalter werden nun die Heranwachsenden in Familie, Kindergarten und Schule vorbereitet. Dabei geschieht diese Vorbereitung weitgehend unabhängig vom guten Willen der Erzieher und ihrer Lernziele. Dieses Bereitmachen zur Anpassung geschieht eben dadurch, dass sich eine Wirtschaftsordnung in alle Lebensbereiche einnistet. Ein Bereich ist der Kinderwunsch, er meldet sich verspätet, wenn ein hohes Berufsziel erklommen wurde. Mit Hund und feinem Auto ist es geruhsamer zu leben. Und wenn Kinder da sind, dann wird ihnen etwas aufgebürdet. Schleichende Kompensationsbedürfnisse in einem Familiengehäuse durch ökonomische Probleme der Eltern; kein Hüpfen und Klettern im Wald an Nachmittagen, sondern alljährliche Fluchtbewegungen zu südlichen Inseln. Nach der Schule bietet sich für die Kinder das Fernsehen als Ersatzgegenstand für das Fehlende und Ventil für das Neugierverhalten geradezu an. Von Sekunde zu Sekunde wechseln die Bilder, und so wird das am Morgen mühsam im Hirn Kurzgespeicherte schnell wieder gelöscht.

Man kann daraus folgern, dass eine stumpfe Gesellschaft die Individuen, die sie benötigt, niemals erziehen könnte, würde in solcher Erziehung nicht folgenreich in die Natürlichkeit des Kindes eingegriffen. Wenn heute zunehmend die Kindheit bereits in der Kindheit gerodet wird, die Kinder zweckgerichtet mit der Konsumwelt vertraut gemacht werden, dann wird jener Infantilismus einer Konsumbiographie als Ausgleich gerade systematisch gezüchtet, die sich mit der herrschenden Normalität, dem öffentlichen Meinungsbild, so gut verträgt. Da entsteht eine Persönlichkeit, die es gut versteht, sich wie ein Automat an sein Milieu anzupassen und für sich den erforderlichen Profit herauszuschlagen. Dieses Musterwesen will ja nur das Wohlige für sich.

Schluss:

Die Auswege sind jenseits unserer Denkmuster

Auf uns lastet eine Bedrohung, denn wir werden in wirtschaftlichen Räumen gehalten, die sich selbst zerstören. In denen wir aber hartnäckig weiterleben wollen, obwohl sich die künftige Entwicklung dunkel am Himmel abzeichnet. Wir tun alles erdenkliche, fein lackiert und wund, um das zu ignorieren.

Wir tun alles andere lieber, als den tiefen Graben zu bemerken zwischen einer beherrschenden Marktwirtschaft und den Bewohnern der Räume. Es ist auch angenehmer den beruhigenden Worten der Führer und Strategen des herrschenden Wirtschaftsregimes, die sie mit Hilfe der Politiker an uns richten, zu zuhören. Wenn die Götter dieser Wirtschaft nun weiterhin diese sozialen Räume ruinieren, wenn sie nun vor allem daran festhalten Arbeit zu vernichten und Mitmenschen wegzustoßen, dann ist doch eine Unberührtheit gar nicht mehr möglich.

Zum ersten Mal ist die Masse der Arbeitnehmer für die kleine Anzahl der Mächtigen materiell nicht mehr notwendig und wirtschaftlich erst recht nicht. Das ist die Gefahr, die sie auf lange Sicht bedroht, sie sich aber dessen nicht bewusst sind und glauben, ihre Arbeitslosigkeit sei nur eine vorübergehende Folge einer unbeständigen Konjunktur. Die Tatsache, dass der Arbeitsmangel, außer in Dienstleistungsberufe wie Altenpflege und Müllwerker, heute zur offenen Norm geworden ist, scheint uns allen zu entgehen. Die Wirtschaftsbosse müssen diese Verschleierung behüten, die sie in unser Alltagsbewusstsein transportiert haben, die Illusion von der vorhandenen Arbeit, die ja nur vorübergehend nicht da ist, die Illusion eines vorübergehenden Mangels, dass man abzustellen vorgibt. Das ist Betrug, aber man will die Bevormundung der Masse erhalten. Auch Frauen rund um den Globus strömen verstärkt auf Arbeitsmärkte, wodurch einer Männerdomäne der Boden entzogen wird. Hinter der Norm der Doppelverdiener-Familie des neoliberalen Marktes verbirgt sich jedoch eine Gestalt des abgesenkten Lohnniveaus für Frauen und sinkenden Lebensstandards für die untere Hälfte der Gesellschaft.

Die neue Frauenbewegung hat auch hier ihre Zutaten geliefert, vielleicht unwissentlich. Einerseits die Laufmannschaft der berufstätigen Mittelschichtfrauen mit ihrer Entschlossenheit die männliche Domäne zu durchbrechen, und auf der anderen Seite die weiblichen Teilzeitkräfte, wie Niedriglohnkolonnen, Putzzüge und Hausmagdangestellten. Letztere sollen keine Würde haben, keine persönliche Weiterentwicklung und keine Befreiung von Abhängigkeitsverhältnissen.

In jeder politischen Rede wird uns mehr Beschäftigung angekündigt, der Zustand wird jedoch nicht eintreten. Botschafter und Zuhörer, Redner und Wähler, sie wissen es alle, sie haben sich um diese Illusion geschart und miteinander verbündet, um dieses Wissen zu leugnen. Andere Reden sind etwas verzweifelt, und haben einen Hauch von Trauer über das untergehende System. Die Entlohnung die uns einschätzte, Arbeitszeiten, Urlaub, Pensionierung, Zeitstrukturen und die Geborgenheit der Gruppe, alles löst sich langsam auf und verweht.

Es geht nicht darum, etwas zu beweinen, was nicht mehr existiert. Es geht nicht darum die Globalisierung und neue Technologien abzulehnen. Es geht darum, sich der Enteignung, sich der inneren Landnahme zu entledigen, um die Dinge klar sehen zu können. Die Analysen und Berichte der Wirtschaftspresse, die keinen Widerspruch dulden, vermitteln uns, dass unsere Wirtschaftskultur allein den Führungsschichten vorbehalten ist und nur in den Händen der Entscheidungsträger gut aufgehoben ist. Alle Anderen sollen so leben und verbrauchen wie es ihnen vorgegeben wird, aber bitte mit etwas mehr Willen zum genormten Konsum.

Angesichts dieser Verhältnisse ist es schon seltsam, dass niemand daran denkt, das Ausradieren der festen Lohnarbeit mit allen Mitteln zu verhindern. Ihr Fehlen wird einfach als Zwischenspiel dargestellt, und auf eine neue Dienstleistungsgesellschaft verwiesen. Doch auch hier wird rationalisiert, und eine immer größer werdende Masse Menschen weggeworfen. Es ist unumgänglich das Leben vieler, die angesichts des Mangels an Beschäftigung als Überflüssige gelten, auf solidarischen Wegen menschlicher zu gestalten, indem die Arbeitszeit generell verkürzt wird!

Wir sind Opfer einer Amnesie. Und stecken wir nicht auch mit unserer kleinen vertrauten Welt, die in die Gewalt wirtschaftlicher Mächte geraten ist, in der Falle? In einer Welt, die nicht mehr unserem Rhythmus entspricht, die aber selbst den Takt angibt. Einen Raum wo es wenig Fluchtwege gibt, da er vollständig von fremden Gesetzen durchdrungen ist. Verbissen wollen wir in ihm weiterleben, in dem wir uns festkrallen, weil wir von seinen Gaben, seinen überquellenden Kaufhäusern auf immer begeistert sind.

Die Frage, wie sich die Zukunft entwickelt, reduziert sich heute auf Untersuchungen über künftige Nachfrage der Konsumenten. Sie bestimmt die weitere Entwicklung der Warenwelt, also der Welt, die für uns wichtig sein soll. Was wird in genügender Menge verkauft werden können? Wann werfen freudige Konsumenten endlich das Verbrauchte weg, damit eine ausreichend große Anzahl von Konsumentenströmen mit übervollen Einkaufswagen erneut die Kaufhallen verlassen können? Die neuen Propheten, die das Konsumklima erforschen, haben die Aufgabe, ihre Ergebnisse als Verheißung der Zukunft zu verkünden und nebenbei die Menschen zu neuen Käufen anzuregen. Die Regale müssen sich leeren, denn volle Containerschiffe legen in deutschen Häfen an.

Es müssen immer mehr Warenhaufen in immer größer werdenden Marktpalästen verkauft werden. Lange darf deshalb die Verzauberung durch eine Ware nicht anhalten. Immer größere Müllwagen fahren täglich durch Städte, und kippen das Entzauberte in riesige Verbrennungsöfen. Junge einsame Menschen irren mit einem Handy durch Straßen, warten auf eine Botschaft, eine lang ersehnte Anerkennung. Die jungen Menschen ahnen nicht, dass Handys vorrangig Instrumente internationaler Konzerne sind, um ihre Wege und ihr Konsummuster zu lenken. Was ist in uns eingedrungen, was hat uns ausgehebelt? Ein ökonomisches Regime hat sich in uns eingenistet, hat unser Denken übernommen. Was bleibt, ist der Ehrgeiz der Menschen, lieber innerhalb eines Denkfehlers eine hohe Bewunderung erringen, als diese wirtschaftlichen Übelstände zu überwinden, in dem einige so wohlig eingebettet sind. Andere liegen jedoch neben dem Bett, ziehen sich verzweifelt am Laken hoch, um einen wärmenden Platz im System zu ergattern.

Dieses Wärmende ist in Wahrheit ein Herrschaftsgebilde, von dem wir uns befreien sollten. Wir müssen dieser Auslieferung der Menschen an Marktprozesse entkommen. Gerade das Handeln der Finanzjongleure mit gigantischer Menge an Rendite suchendem Geld, das nicht in der Realwirtschaft erwirtschaftet wurde, schmieren mit ihrer Arbeit diese Prozesse. Dies entsteht auf der Grundlage, dass viele die freien Märkte als etwas Wunderbares sehen, und die Krisenanfälligkeit ignorieren. Dieses wundersame System erzeugt Arbeitslosigkeit, Armut und schlechte Arbeitsverhältnisse durch Nebenschäden. Dieses wird aber interessanterweise nicht als Ausdruck der Krisenanfälligkeit und der politischen Fehler einer kapitalistischen Wirtschaft gesehen, sondern umgekehrt als Folge eines geplünderten Sozialstaates.

In der aktuellen Krisendebatte werden auch wirtschaftliche Grenzen des Wachstums ignoriert und tabuisiert. Gleichzeitig treffen aber auch Bedürfnisse an ihre Grenzen bei jenen, die schon alles haben. Die permanente Rationalisierung durch den Einsatz immer neuer Techniken treibt die Wirtschaft zunächst voran, verwandelt sich aber später zu einer grausigen Bremse. Sie erzeugt nämlich Arbeitslosigkeit, wenn sie nicht durch Arbeitszeitverkürzung aufgefangen wird, und schmälert über ihre Wirkungen die Massenkaufkraft. Dann sind die Gewinnerwartungen der Konzerne in Gefahr, die gerne unter Einsatz von Dauerbeschuss mit Werbung ihre Waren übers Land spülen möchten, um das wenige Geld der unteren Schichten einzusammeln. Die sukzessive Verkürzung der Arbeitszeit für alle Vollzeitbeschäftigten ist ein Ausweg aus dieser Misere. Zurzeit wird jedoch die Verkürzung nur in Form zunehmender Teilzeitarbeit bei Frauen sowie der Zunahme von befristeter Beschäftigung und boomender Leiharbeit vorangetrieben, um Belegschaftskerne und Beamte vor kleinen Gehaltsminderungen zu bewahren.

Dem herrschenden neoliberalen Denken zufolge gibt es zu dem jetzigen Arbeitsmarktregime und der Form der globalen Arbeitsteilung nicht nur keine Alternative, sondern es wird auch behauptet, die Entscheidung diesen Weg zu gehen sei fortschrittlich, und allen Menschen mit Unternehmergeist sei der Erfolg sicher. Es genügt nicht zu erkennen, dass diese Behauptungen unsinnig sind, keiner ernsthaften Überprüfung standhalten und auch durch Tatsachen widerlegt sind. Die Denkarbeit an einer wirtschaftlichen Alternative ist schwierig. Das wird ein langer beschwerlicher Fußmarsch. Denn das Grundversprechen der Ideologen lautet, freie Märkte werden zu größeren wirtschaftlichen Erfolgen und wachsenden Wohlstand führen. Aber die Verschärfung sozialer Ungleichheiten ist gut gelungen, doch die positiven Ergebnisse stehen aus. Ein Wettlauf um höchste Kapitalerträge für Vermögende und die niedrigsten Löhne für die Arbeitnehmer ist im vollen Gange. Das Ergebnis ist überall an den mageren Rändern der Städte sichtbar. Wer jedoch sich von Ausgrenzung bedroht fühlt, trachtet seinerseits nach Ausgrenzung der noch Schwächeren und der Fremden.

Aufgabe einer Kapitalismuskritik muss sein, die Ursachen dieses gigantischen Versagens aufzudecken. Die Gründe herausfinden, weshalb sich Männer und Frauen, Klagende und Verfechter sich diesem System und sich selbst unterwerfen. Jeder sucht in diesem Schlamm mit eiliger Hand nach Pfründen, Anerkennung und Geld. Dieses Suchen geht mit Unterdrückungs- oder Ausbeutungswerkzeugen einher. Werkzeuge in den Händen der Vermögenden werden jedoch oft als globale Viren verschleiert, und lähmen damit die gesellschaftlichen Widerstandspotenziale. Das Unmenschliche wird zusätzlich durch die Identifikation mit den Gewinnern im Steigerungsprozess für beide, Gewinner und Verlierer, hinter der Bühne voller Warenhäuser versteckt.

Die Behauptungen der Liberalen, die ohne Widerstand in unsere öffentliche Meinung eingewoben wurden, dass Fragen des guten Leben und das Trachten nach dem Glück Privatsache seien, werden fraglos von der Masse übernommen. Dadurch leisten alle auch der Aufrechterhaltung des Hamsterrades und des Steigerungsprozess heftig Vorschub. Bloß nicht fragen, wohin uns Wachstum und Alltagsbeschleunigung hinführen soll. Solange wir uns auch individuell immer verzweifelter um eigene Standortsicherung und Aufrechterhaltung unserer Wettbewerbsfähigkeit kümmern, solange wir in einem immer schneller sich drehenden Hamsterrad gefangen bleiben, ist es schwierig für unser Gehirn, die Frage des richtigen Lebens einzublenden.

Die zweite uns bewegende Frage sollte sein, wie sich das zur Herrschaft im Wirtschaftsleben und im Privatleben gelangte Profitstreben die Menschen erzieht und schafft die es bedarf. Wir müssen auch unseren Blick von dem ökonomischen Kreislauf abziehen und auf die sozialpsychologische Prozesse der Vergesellschaftung lenken. Der Ort des Übels ist dann nicht nur im Geld zu suchen, sondern zugleich in den Subjekten. Sie benutzen, wie in der Tier- und Pflanzenwelt zu beobachten, Lockmittel, um andere für sich arbeiten zu lassen. Offensichtlich wird dieses Handeln in unserer Gesellschaft immer mehr bejaht. Auch in der Öffentlichkeit brauchen sich nicht mehr nur politische Akteure für ihr unsoziales Tun rechtfertigen, sondern auch die Wirtschaftsbosse sollten sich fragen, warum sie trotz Dauerarbeitslosigkeit und Millionengehälter, Rohstofffraß und Armut alles beim Alten lassen.

Wer sich durch grenzenlose Beweglichkeit und Anpassungsfähigkeit auszeichnet, und mit einem fügsamen Konsumverhalten zum allgemeinen Wohl der Konzerne beiträgt, der bekommt im wahrsten Sinne des Wortes ein hohes Ansehen. Diese herrschende Aktivierungsnorm hat ebenso entfremdenden wie selbstausbeuterischen Charakter. Was den Entfremdungsprozess angeht, so sieht die Aktivierung von den privaten Wünschen der Menschen ab, um diese voll und ganz im Sinne wirtschaftlicher Interessen zu mobilisieren. „Sozial ist was Arbeit schafft!" ruft es von der politischen Bühne. Alle Personengruppen sollen dieser Mobilisierungsanweisung folgen, Vorschulkinder und Studierende, Arbeitslose und Frührentner. Erwerbsarbeit für den Konsum als Richtschnur gesellschaftlicher Erwartungen. Wer diese Erwartungen nicht erfüllt ist unsozial. Was die Menschen selbst für sich als Inhalt eines sozialen Miteinander wünschen würden, spielt in unserer Wirtschaftsordnung keine Rolle. Wer jedoch die vorgegebenen Bedingungen realisieren kann, tatsächlich sich gebeugt hat und eine gewisse Art des Konsumierens zeigt, der feine Kleider trägt, trägt auch zum Schweigen bei. Einfach gesagt: Das Jenseits des heutigen Kapitalismus kommt keineswegs von außen oder von oben, sondern von innen und von unten, vom kritischen Denken.

Die Masse der Bevölkerung schweigt, auch wenn es drückt und sich vereinzelt an Bahnhöfen und Gleisen entlädt. Die bestehenden Herrschaftsverhältnisse nähren sich vom Schweigen. Woher kommt die Apathie der unteren Sozialschichten, diese Kultur des Schweigens? Das gelingt, weil diese Menschen die Theorie von der natürlichen Unterlegenheit der Unteren unter dem Druck von Macht und Angst, und durch Verlockungen, verinnerlicht haben. Die innere Unterwerfung vor der Übermacht der Arbeitgeber, den Mächtigen, führt dazu, dass die Arbeitnehmer am unteren Rand der Lohnspreizung und Arbeitslose sich selbst so sehen, wie die Arbeitgeber und Arbeitnehmer im Hochlohnsektor sie sehen, nämlich als erbärmlich. Alles was sie erfahren, ist eine immer neue Bestätigung dieser ihrer Unbrauchbarkeit und Nichtigkeit, und daraus entsteht Armut, Unwissenheit und Fremdbestimmung. Das wichtigste Instrument dieser kulturellen Kolonialisierung, dieser

Besetzung des Alltagsbewusstseins, dieses Quartier nehmen im Gehirn, ist die Erziehung in unserem Bildungswesen und die Lernprozesse im bürgerlichen Milieu, da sie sich im Klima von Konkurrenz und Abstiegsängste vollziehen. Auch die neoliberale Aktion der Wirtschaftspolitik zur Domestizierung, zur inneren Unterwerfung der Fremdbestimmten, ist wahrscheinlich die eindrucksvollste politische Krisenstrategie der letzten Jahre. Der Kern dieser Strategie liegt in der Durchsetzung einer mäßigen Lohnentwicklung und der propagierten Schaffung von Arbeitsplätzen um jeden Preis. Das Verteilungsproblem um Arbeit wird dadurch nicht gelöst, sondern es wird gleichzeitig festgelegt, was gedacht und gesagt werden soll.

Jedenfalls ist es ein unmittelbar einleuchtender Aspekt dieser Kultur der Anpassung und des Schweigens. Eine Kultur müsste eigentlich zur Kritik unserer Bildungsklassengesellschaft aufrufen. Doch der Grundsatz Wissen ist Macht ist zum universalen Herrschaftsprinzip geworden ist.

Die Herrschaft einiger Wissenden ist darum so gefährlich, weil sie sich nicht allein über den gesellschaftlichen Status oder das Privateigentum, sondern über ein selektives Bildungssystem aufrechterhält, das der Mehrheit das Wissen nicht nur vorenthält, sondern in vielen Schulen schon die Fähigkeiten verkümmern lässt. Man kann Schülern ihre Neugier und damit ihre Lernfähigkeit schon sehr früh ab-dressieren. Hierdurch entsteht in vielen Leben später Arbeitslosigkeit, Armut und sozialer Ausschluss. Doch das wird schnell als ein Problem der Begabung umdefiniert. Die Schaffung von Arbeitsplätzen wird zur großen verheißenden Formel, sozusagen die Märchenerzählung gegenwärtiger Politik. Es dient zur Ablenkung und Rechtfertigung einer arbeitgeberfreundlichen Regierungshandlung, in der Arbeitnehmer aufeinander gehetzt werden, um sie gefügig zuhalten.

Die staatliche verordnete Beschäftigungsideologie im Sinne von freiem Arbeitsmarkt verhehlt jedoch unser gesellschaftliches Kernproblem - dem Verteilungskonflikt um Arbeit, Einkommen und Anerkennung - grundsätzlich. Denn die als natürlich empfundene Hegemonie der Machtverhältnisse im Arbeitsmarkt wird mit Hilfe des Sozialstaats und des Schulwesens in Gang gehalten. Jugendliche werden mit den unerbittlichen Machtverhältnissen der Bildungsklassengesellschaft langsam durch die Schulen bis in den Arbeitsmarkt geschleust. Die Einen durch zufüttern mit Nachhilfe und Psychopharmaka in kleinen Dosen, und die Anderen durch Vorbereitung auf einen Dienst mit Besen, Säge und Schere. In dem unser Bildungssystem schon immer entsprechend dem Mythos von den begabten Eliten und den schwachbegabten Mehrheiten organisiert wurde, erzeugte man, was erwartet wurde. Diese Einwirkungen auf Jugendliche verdammt viele später zum Schweigen. Da im Zuge anhaltender technischer Fortschritte immer mehr Arbeit eingespart wird, können neue Arbeitsplätze nur noch im gering entlohnten Bereich und im befristeten Bereich einer neuen Dienerschaft entstehen. Der magere Lohn verdammt die Abgeschobenen hier zur Anpassung. Doch ebenso lautlos bewegen sich verführte Begabte mit ihren feinen Kleidern und hübschen Villen. Sie sind eingemeindet in Machtverhältnisse, dort fühlen sie sich wohl. Sollen sie in dieser gemütlichen Gemeinde das Prinzip - gleiche Teilhabe an Lohnarbeit - einfordern, sich ihre Äste absägen?

Die Programme der Zwänge zur Annahme von gering entlohnter Beschäftigung ist zentral für eine neue Arbeitskultur. Das oberste Ziel ist Integration in den Arbeitsprozess, und auch zu unwürdigen Löhnen, denn es wird einfach mit Steuergeldern aufgestockt. Die Großkonzerne und die Mittelschicht haben ihre Wünsche mit Hilfe der Politik ohne Widerstand umsetzen können. Der Staat stützt so die herrschende wirtschaftliche Ordnung, ohne Rücksicht auf soziale Verwerfungen. Die Regierungspolitik preist sich hier als Dienerschaft der Vermögenden an. Das Kommando haben heute die Konzernherren, denn sie sehen sich unversehens in der Interessenlage früherer Feudalherren.

Ob wir diesen Sachverhalt verdrängen oder verabscheuen, ob wir ihn aus unserem vorgefertigten Meinungsbild verdammen wollen oder ob wir ihn in unserem Handeln verankern wollen, hängt natürlich von der Interessenlage ab, in der wir uns befinden. Wer möchte sich schon von dem Wärmenden verabschieden.

Die heutige Rendite-Produktion der großen Konzerne gedeiht durch verführte dümmliche Konsumenten, die einfältig dafür sorgen, dass ihnen auch noch die Mehrwertsteuer aufgebrummt wird, bevor sie ihre Kofferräume voll stopfen. Leider suchen Berufstätige und Arbeitslose aus Unter- und Mittelschicht nicht die Überwindung dieser wirtschaftlichen Missstände, sondern kurbeln sie noch kräftig an, um ein wenig partizipieren zu können.

Die Frage, wie schnell etwas auf dem Markt geworfen werden kann, ist für die Konzernlenker das Maß aller Dinge. Wie weit können die Lohnkosten noch gesenkt werden, um eine Umverteilung nach oben in Gang zu halten, die eine Steigerung der Gewinnaussichten erwarten lassen. Denn das Verlangen der Menschen ist ein reich beladenes Kaufhaus. Selbst schon Jugendliche bemessen ihren Wert nach dem Besitz von Kleidungsstücke und Handys. Sie werden später mithelfen, dass dieses unsoziale System weiter gedeihen kann. Es ist in ihnen eingewoben, sie werden sich nicht verweigern. Wir müssen lernen dieses Wirtschaftssystem in Frage zu stellen. Diese Kritik in Handeln umzusetzen, und dieses Handeln durch vorleben an Kinder und Jugendliche weitergeben.

Plötzlich werden Stimmen laut, einige im Publikum haben sich erhoben, haben ihr Zagen abgelegt, sie rufen etwas zur Bühne, und dann schallt es durch das ganze Theater: Nicht so, nicht dermaßen, nicht um diesen Preis wollen wir von den Herren regiert werden! Aber schon schallt es von den Rängen auf sie nieder: Schweigt dort unten, wir sind eine erfolgreiche Wirtschaftsnation!

Entfernen wir die Viren aus unseren Gehirnen